RESTAURANT
Cook Book

김동기 지음

대한민국
Cook가대표
김동기 셰프의
레스토랑 요리

다락원

김동기 셰프의 숙련되고
다이나믹한 스킬을 확인할 수 있는
유료 동영상을 만나보세요.
WWW.1QPASSACADEMY.COM

RESTAURANT *Cook Book*
레스토랑 요리

지은이 김동기
펴낸이 정규도
펴낸곳 ㈜다락원

초판 1쇄 인쇄 2021년 11월 5일
초판 1쇄 발행 2021년 11월 10일

편집총괄 이후춘
책임편집 김민지
디자인 ALL Contents Group
사진촬영 제이지크리에이티브랩
장소협찬 오스테리아 주연

다락원 경기도 파주시 문발로 211
내용문의 (02) 736-2031 내선 293
구입문의 (02) 736-2031 내선 250~252
Fax (02) 732-2037
출판등록 1977년 9월 16일 제406-2008-000007호

Copyright 2021© 김동기

저자 및 출판사의 허락 없이 이 책의 일부 또는 전부를 무단 복제·전재·발췌할 수 없습니다.
구입 후 철회는 회사 내규에 부합하는 경우에 가능하므로 구입문의처에 문의하시기 바랍니다.
분실·파손 등에 따른 소비자 피해에 대해서는 공정거래위원회에서 고시한 소비자 분쟁 해결 기준에 따라 보상 가능합니다.
잘못된 책은 바꿔 드립니다.

값 25,000원
ISBN 978-89-277-7157-9 13590

RESTAURANT
Cook Book

"호기심에서부터 맛있는 요리가 시작된다."

'비스트로'에서 '특1급 호텔'까지 다양한 곳에서 경력을 쌓았다.
전 세계 모든 요리대회를 다 나가보고자 20대 중반부터 끊임없이 요리대회에 도전하고 있다.
한국에서는 레스토랑을 운영하며 국제 요리대회를 나가는 몇 안 되는 현직 요리사이다.
지금은 서울 외곽에서 작은 레스토랑을 운영하며
레시피 개발과 정리, 요리대회 출전, 음식 칼럼을 쓰며 후배들을 양성하고 있다.

Cook가대표 셰프 김동기

- 2017~ 오스테리아 주연 오너 셰프
- 2016~2017 국제조리전문학교 (현 국제 호텔직업전문학교) 특임교수
- 세계일보 [김셰프의 시네 퀴진] 연재 중
- 생활의 달인 10대 맛집 달인 선정
- 지방-전국 기능경기대회 심사위원
- 배달의 민족 [사장님 대상 메뉴 개발] 컨설팅
- 현대 쿠킹 라이브러리 X 푸드매거진F '쌀' 쿠킹쇼
- 삼성 갤럭시 공감 식탁 서울편 셰프
- 중소기업청 소상공인 진흥 공단 성공 CEO 컨설팅
- 휴롬 슈퍼스팀팟 메뉴 컨설팅
- 낭만식탁 김동기 셰프의 취미생활 운영 (https://blog.naver.com/paychey)

국가대표 이력

- 2011년 (사)조리사 협회 중앙회 러시아 국제요리경연 대회 국가대표
- 2013년 (사)조리사 협회 중앙회 홍콩 국제요리경연 대회 국가대표
- 2014년 BOCUSE DO'R(보큐즈도르) 요리대회 아시아 퍼시픽 대한민국 국가대표
- 2015년 BOCUSE DO'R(보큐즈도르) 요리대회 프랑스 리옹 대한민국 국가대표
- 2016년 장애인 기능올림픽 요리직종 국가대표 부지도위원
- 2016년 (사)조리사 협회 중앙회 독일 요리 올림픽 국가대표

대회 경력

- 2011년~2015년 말레이시아, 홍콩, 필리핀, 룩셈부르크, 싱가폴 등 WACS 요리대회 금메달 8개, 은메달 12개, 동메달 10개
- 2011년 WACS IKCC 러시아 국제 요리 경연대회 국가대표 은메달
- 2013년 WACS 홍콩 HOPEX 국제 요리경연 대회 타파스 금메달, 메인 플레이트 은메달
- 2014년 BOCUSE DO'R 요리대회 아시아 퍼시픽 대한민국 대표 종합 5위
- 2014년 룩셈부르크 커리너리 월드컵 금메달 개인전 요리부문 7위
- 2015년 BOCUSE DO'R 요리대회 프랑스 리옹 대한민국 국가 대표
- 2016년 국제장애인 기능올림픽 요리직종 국가대표 코치, 은메달 수상, 고용노동부 장관 표창
- 2016년 WACS 독일 요리 올림픽 국가대표 라이브, 전시 동메달
- 2019년 홍콩 요리대회 오스테리아주연 팀 라이브, 전시 금메달
- 2020년 IKA 독일 요리 올림픽 오스테리아 주연 리저널 팀 은메달 종합 11위

일러두기
- 계량 단위는 'ml/L, g/kg, ts/Ts, ea, 줄기, some'을 사용한다. some은 재료의 단위를 기재하지 않아도 될 정도의 소량을 의미하며 요리사의 입맛에 따라 가감한다.
- 외래어 표기는 국립국어원의 '외래어 표기법'을 따르되, 재료 및 요리법의 일부는 저자의 표현을 따랐다. 가령 채소를 야채로 적었고, chervil은 차빌, 처빌, 챠빌 등 다양하게 쓰이나 저자의 표현인 챠빌로 표기하였다.
- 이 책의 레시피는 메인 요리를 기준으로 A, B, C, D…의 순서로 구성되어 있다. 요리의 전체적인 만드는 법은 레시피로 숙지하고 재료 보관 방법과 서브를 참고하여 현장 상황에 맞게 활용하면 된다.

레스토랑 요리에 관한 책

22살 조금 늦은 나이에 요리를 시작했다. 만화가라는 꿈을 잠시 접어두고 펜 대신 칼을 휘두르는 직업을 가지자 마음먹었다. 나만의 음식점을 차려 사랑하는 모든 이에게 즐겁게 음식을 대접하고자 했던 꿈은 9년이라는 길다면 길고 짧다면 짧을 수 있는 꽤 즐거웠던 직장 생활을 거쳐 내 가치관이 확립된 후에야 이룰 수 있었다. 요리사의 창업은 자칫 오만할 수 있다. 요리에 대한 자신감과 자부심이 자칫 손님의 입맛에 대한 착각을 일으킬 수도 있기 때문이다. 10명 중 7명의 입맛을 맞출 수 있다면 그 가게는 대중에게 사랑받을게 분명하다. 적절한 마케팅과 겸손한 기다림, 정직한 음식이라면 바라보는 그 이상향을 충분히 이룩할 수 있다고 생각한다.

이 책은 그런 이상향을 목표로 정진하는 나의 레스토랑에서, 특별한 날마다 손님께 제공했던 요리들과 앞으로 내가 하고 싶은 레스토랑의 요리들을 최대한 상세히 적어 놓은 요리책이다. 8년의 레스토랑 운영 중 양식 레스토랑이 가장 인기 있을 크리스마스의 특선 메뉴들과 세계 요리대회에 출전해서 호평을 받았던 요리들을 정리하였는데, 레스토랑을 운영하는 내 입장에서 기념일은 돈만 버는 그런 날이 아니라 그 동안 나의 가게를 사랑해 주신 손님들에게 정진해왔던 내 요리를 선보이는 날이라는 생각으로 구성한 메뉴들이 많다. 요리대회에 출전해서 고심하고 정성들인 그 요리들은 그저 지나간 계절처럼 사라지는 메뉴가 아니라 대중들이 언제나 찾아와서 먹어볼 수 있는 레스토랑 메뉴가 되는 것이 내 목표 중 하나이다. 흔히 요리대회 요리들을 실용성이 없는 요리들이라고 착각하기도 하는데 그 고정관념을 깨보고자 개발한 레시피들도 이 책에 적어보았다.

레시피는 메인 음식 하나와 다양한 가니쉬로 구성되어 하나의 접시 위에 완성되는 요리로 가니쉬를 다양하게 믹스해 다른 메인들과 접목하여 응용해 볼 수 있다. 기본적으로 궁합이 맞는 재료들을 사용했지만 색다르게 활용할 수 있는 재료 매칭도 할 수 있으니 재료의 이해 폭을 넓히는 계기가 될 수 있으리라 생각한다. 내 레스토랑을 먼저 운영해 본 사람으로서 이 책이 자신의 레스토랑을 꿈꾸는 젊은 셰프들에게 시행착오를 줄일 수 있는 참고 자료로써 활용되었으면 하는 마음을 담았다.

Cook가대표 김동기

※ 레스토랑 조리에 대한 자세한 저자 직강 유료 동영상을 만나보세요.

contents

005   레스토랑 요리에 관한 책
010   퓌레
012   벨루떼
014   허브오일

육류, 가금류의 조리, 소스의 응용

part — *meats* — 01

018   **뒥셀과 허브를 채운 비프 웰링턴**
with 마늘향의 버섯 콩피, 크림 포테이토, 당근·감자 캐서롤, 비프 소스

주재료 소 · **조리법** 웰링턴 · **응용소스** 쥐 드 뵈프

026   **허브 크럼블을 얹은 양 갈비 발로틴**
with 완두콩 퓌레, 마리네이드 한 완두콩 순과 폴렌타 볼과 칩, 양고기 소스

주재료 양 갈비 · **조리법** 발로틴 · **응용소스** 쥐 다뇨

036   **브리오슈 브레드 파테로 감싼 애쉬향을 낸 닭 가슴살 룰라드**
with 닭 다리살 크로켓, 태워 향을 낸 양송이 퓌레, 샬롯 라따뚜이 파르시, 닭고기 소스

주재료 닭 가슴살, 닭 다리살 · **조리법** 룰라드 · **응용소스** 쥐 드 볼라유

044 **닭 간과 마늘 빵, 사과를 채운 허브 럽을 발라 구운 메추리**
with 글레이징 한 화이트 아스파라거스, 화이트 아스파라거스 퓌레, 쑥갓 크림, 건포도를 넣은 메추리 소스
주재료 메추리 몸통 • **조리법** 로스트 • **응용소스** 쥐 드 카유

052 **숯향을 입힌 오리 껍질 크런치와 오리 가슴살 구이**
with 시나몬향을 곁들인 구운 비트, 비트 파르마 햄 밀푀유, 오렌지 비가라드 소스
주재료 오리 가슴살 • **조리법** 수비드 • **응용소스** 소스 비가라드

060 **베이컨, 케이퍼, 마늘을 넣은 버터에 팬 프라이 한 돼지 안심과 무슬린 소스**
with 가지 퓌레, 가지로 감싼 병아리콩 후무스와 당근, 아스파라거스
주재료 돼지 안심 • **조리법** 팬 프라잉 • **응용소스** 소스 무슬린

068 **리버스 시어링 한 새우 파우더를 넣은 돼지 등심**
with 파래가루를 뿌린 브라운 버터로 맛을 낸 감자 매시, 숯향을 낸 대파 크림과 튀김,
뒥셀을 넣은 버섯 테린, 머스터드 소스
주재료 돼지 등심 • **조리법** 리버스 시어링 • **응용소스** 쥐 드 뵈프

어패류 조리와 소스의 응용

part — *fishes* — 02

078 레몬 쿠르부용에 포칭 한 후 베샤멜 소스에 글라사주 한 광어
with 브로콜리니 프리터, 소스 베르, 바질 폼
주재료 광어 • **조리법** 포칭 • **응용소스** 소스 베르 푸르 푸아송

086 튀긴 계절 야채를 곁들인 구운 관자
with 사과 쳐트니를 채운 글레이징 한 사과, 미나리 오일과 오렌지 사바용 소스
주재료 관자 • **조리법** 시어링 • **응용소스** 소스 사바용

094 챠콜로 향을 낸 랍스터와 사바용을 입힌 랍스터 볼
with 오마르 비스큐 소스, 양파 플랑, 갈색 양파 퓌레
주재료 랍스터 • **조리법** 쿠르부용 • **응용소스** 소스 오마르

102 솔잎에 찐 후 버터에 데친 전복
with 전복 내장으로 향을 낸 버섯 콘소메, 쑥갓 오일, 와인에 절인 연어알과 무 제스트
주재료 전복 • **조리법** 버터 포치드 • **응용소스** 콘소메

108 새우 테린과 사과주스에 글레이징 한 새우
with 오렌지 마요네즈, 노른자 큐어, 아보카도 퓌레
주재료 홍새우 • **조리법** 테린 • **응용소스** 소스 마요네즈

116 가지 캐비어를 곁들인 허브향의 홍합 스튜
with 빈 블랑 소스와 바질 오일
주재료 홍합 • **조리법** 스튜 • **응용소스** 소스 빈 블랑

124 애쉬로 향을 낸 연어 콩피
with 양파 렐리쉬, 레몬 와사비 크림, 캐러멜 한 사과, 달콤한 당근 퓌레, 파슬리 오일, 제노베제 소스
주재료 연어 • **조리법** 콩피 • **응용소스** 소스 제노아

야채의 조리와 소스의 응용

part *vegetables* 03

136 **3가지 방식으로 조리한 토마토와 리코타 치즈 샐러드**
토마토 콩피, 토마토 타르타르, 토마토 아가
주재료 토마토 • **조리법** 콩피, 타르타르 • **응용소스** 발사믹 드레싱

144 **스위트 당근 플레이트**
반숙한 당근, 당근 피클, 당근 스파게티, 당근 퓌레, 당근 칩
주재료 당근 • **조리법** 퓌레, 샐러드, 포칭 • **응용소스** 라임 드레싱

152 **큐민향을 낸 구운 콜리플라워와 콜리플라워 퓌레**
with 콜리플라워 튀김, 샬로우 포치 한 홍새우, 푸아그라 파르페, 훌렌다이즈 소스
주재료 콜리플라워 • **조리법** 로스팅, 벨루떼 • **응용소스** 소스 올랑데즈

160 **캐러멜 라이징 한 양파 스프와 딱새우**
with 비스큐 사바용 소스, 볶은 피스타치오와 잣 벨루떼, 한련화 오일과 폼
주재료 양파 • **조리법** 스프 • **응용소스** 한련화 오일

168 **새우 무스를 넣고 찐 허브럽을 바른 감자**
with 꼬막 절임과 애호박 퓌레, 새우 타르타르, 비스켓
주재료 감자 • **조리법** 로스트, 캐서롤 • **응용소스** 소스 타르타르

176 **오렌지주스에 글레이징 한 아스파라거스와 옥수수 플랑**
with 오렌지 시트와 겔, 사바용 소스와 달걀노른자 콩피
주재료 아스파라거스 • **조리법** 팬 프라이 • **응용소스** 소스 사바용

186 김동기 셰프의 레스토랑 창업 스토리

퓌레

야채를 버터에 볶아 준 후 충분한 풍미를 더해 우유나 스톡에 넣고 끓여 곱게 간 요리이다. 가니쉬로 사용되며 부드러운 텍스처는 재료 본연의 맛과 메인 요리의 풍미를 더해 준다.

만드는 방법

냄비에 버터를 두르고 주재료를 넣어 볶아 준다. 소금 또는 설탕을 뿌려 준 후 채즙이 나오면 우유 또는 스톡을 넣고 끓여 준다. 퓌레 특성상 오목한 텍스처가 나오려면 재료의 익는 시간을 계산하고 모자라거나 남으면 우유 또는 스톡을 조절해 믹서기에 갈아 주어야 한다. 마지막에 크림을 넣고 갈아 준 후 고운체에 걸러 준다.

당근 퓌레

- ☐ 당근 100g
- ☐ 우유 500ml
- ☐ 소금 1/2ts
- ☐ 생크림 15ml
- ☐ 버터 1/2Ts

단호박 퓌레

- ☐ 단호박 100g
- ☐ 우유 500ml
- ☐ 메이플시럽 15ml
- ☐ 생크림 15ml
- ☐ 버터 1/2Ts

버터넛 스쿼시 퓌레

- ☐ 버터넛 스쿼시 100g
- ☐ 우유 200ml
- ☐ 치킨 스톡 300ml
- ☐ 소금 1/2ts
- ☐ 생크림 15ml
- ☐ 버터 1/2Ts

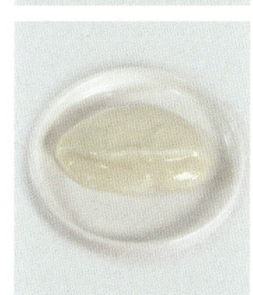

콜리플라워 화이트 초콜릿 퓌레

- ☐ 콜리플라워 100g
- ☐ 우유 350ml
- ☐ 화이트 초콜릿 10g
- ☐ 소금 1/2ts
- ☐ 생크림 15ml
- ☐ 버터 1/2Ts

갈색 양파 퓌레

- ☐ 양파 200g
- ☐ 우유 500ml
- ☐ 소금 some
- ☐ 생크림 15ml
- ☐ 엑스트라 버진 올리브유 10ml
- ☐ 버터 1/2Ts

애호박 퓌레

- ☐ 애호박 100g
- ☐ 우유 200ml
- ☐ 소금 1/2ts
- ☐ 생크림 15ml
- ☐ 버터 1/2Ts

마늘 감자 퓌레

- ☐ 마늘 30g
- ☐ 감자 100g
- ☐ 우유 300ml
- ☐ 닭육수 200ml
- ☐ 소금 1/2ts
- ☐ 생크림 15ml
- ☐ 버터 1/2Ts

사과 당근 퓌레

- ☐ 당근 100g
- ☐ 우유 500ml
- ☐ 소금 1/2ts
- ☐ 설탕 some
- ☐ 생크림 15ml
- ☐ 버터 1/2Ts

가지 퓌레

- ☐ 껍질 벗긴 가지 100g
- ☐ 우유 200ml
- ☐ 소금 1/2ts
- ☐ 생크림 15ml
- ☐ 버터 1/2Ts

브로콜리 퓌레

- ☐ 브로콜리 100g
- ☐ 엽록소 5g
- ☐ 치킨 스톡 500ml
- ☐ 소금 1/2ts
- ☐ 생크림 15ml
- ☐ 버터 1/2Ts

벨루떼

퓌레보다 더 짙은 농도의 요리로 소스 대용으로 사용하기도 한다. 식자재 본연의 맛에 '퐁 드 볼라유'의 감칠맛을 더해 부드럽게 조리한다. 입안에 넣었을 때에 혀끝에서 사라지는 텍스처가 나와야 한다.

만드는 방법

주재료를 버터에 볶은 후 스톡을 넣고 끓여 익혀 준다. 소금 간을 하고 크림을 넣어 곱게 갈아 체에 내려 준비한다.

양파 벨루떼

- [ ] 양파 200g
- [ ] 치킨 스톡 650ml
- [ ] 소금 some
- [ ] 생크림 15ml
- [ ] 버터 1/2Ts

시금치 벨루떼

- [ ] 시금치 100g
- [ ] 치킨 스톡 300ml
- [ ] 소금 some
- [ ] 생크림 15ml
- [ ] 버터 1/2Ts

양송이 벨루떼

- [ ] 양송이버섯 200g
- [ ] 치킨 스톡 350ml
- [ ] 소금 some
- [ ] 생크림 15ml
- [ ] 버터 1/2Ts

단호박 벨루떼

- [ ] 단호박 100g
- [ ] 치킨 스톡 350ml
- [ ] 소금 some
- [ ] 생크림 15ml
- [ ] 버터 1/2Ts

허브오일

오일에 허브를 담가 보관 후 향을 낸 오일을 요리의 마지막에 사용한다. 소스 터치 직전에 한두 방울 넣어 몽떼를 해 주면 요리의 풍미가 더 살아난다. 오일은 때에 따라 다른 종류의 오일을 선택하며 일반적으로는 허브 향을 더하기 위하여 샐러드유를 사용한다.

만드는 방법

허브와 오일을 진공팩에 넣어 50℃로 1시간가량 수비드 해 준 후 차갑게 식혀 보관한다.

바질 오일
- [ ] 바질 100g
- [ ] 퓨어 올리브유 1L
- [ ] 레몬 제스트 10g

파슬리 오일
- [ ] 파슬리 100g
- [ ] 퓨어 올리브유 1L
- [ ] 오렌지 제스트 10g

세이지 오일
- [ ] 세이지 100g
- [ ] 타임 10g
- [ ] 샐러드유 1L

깻잎 오일
- [ ] 깻잎 100g
- [ ] 샐러드유 1L
- [ ] 참기름 10ml

타임 오일
- [ ] 타임 100g
- [ ] 샐러드유 1L
- [ ] 샬롯 10g

로즈마리 오일
- [ ] 로즈마리 100g
- [ ] 샐러드유 1L
- [ ] 생강 10g

큐민 오일
- [ ] 큐민씨드 50g
- [ ] 샐러드유 1L
- [ ] 생강 10g

육류·가금류의 조리와 소스의 응용

part — *meats* — 01

1 **뒥셀과 허브를 채운 비프 웰링턴**
   with 마늘향의 버섯 콩피, 크림 포테이토, 당근 감자 캐서롤, 비프 소스

2 **허브 크럼블을 얹은 양 갈비 발로틴**
   with 완두콩 퓌레, 마리네이드 한 완두콩 순과 폴렌타 볼과 칩, 양고기 소스

3 **브리오슈 브레드 파테로 감싼 애쉬향을 낸 닭 가슴살 룰라드**
   with 닭 다리살 크로켓, 태워 향을 낸 양송이 퓌레, 샬롯 라따뚜이 파르시, 닭고기 소스

4 **닭 간과 마늘 빵, 사과를 채운 허브 럽을 발라 구운 메추리**
   with 글레이징 한 화이트 아스파라거스, 화이트 아스파라거스 퓌레, 쑥갓 크림, 건포도를 넣은 메추리 소스

5 **숯향을 입힌 오리 껍질 크런치와 오리 가슴살 구이**
   with 시나몬향을 곁들인 구운 비트, 비트와 파르마 햄 밀푀유, 오렌지 비가라드 소스

6 **베이컨, 케이퍼, 마늘을 넣은 버터에 팬 프라이 한 돼지 안심과 무슬린 소스**
   with 가지 퓌레, 가지로 감싼 병아리콩 후무스와 당근, 아스파라거스

7 **리버스 시어링 한 새우 파우더를 넣은 돼지 등심**
   with 파래가루를 뿌린 브라운 버터로 맛을 낸 감자 매시, 숯향을 낸 대파 크림과 튀김,
   뒥셀을 넣은 버섯 테린, 머스터드 소스

뒥셀과 허브를 채운 비프 웰링턴

with 마늘향의 버섯 콩피, 크림 포테이토, 당근·감자 캐서롤, 비프 소스

○

Mushroom duxelles & herb stuffed beef wellington,
garlic-flavor confit of mushroom,
cream potato, carrot potato casserole, jus de boeuf

| 주재료 * 소 안심 | 조리법 * 웰링턴 | 응용소스 * 쥐 드 뵈프 | 2인분 |

웰링턴 조리법은 꽤 오래된 레시피이며 아직까지도 사랑받는 음식이다. 퍼프 페스츄리에 육류나 생선을 감싸 오븐에 굽는 조리법으로 페스츄리의 바삭함을 느낄 수 있고 페스츄리 속에서 구워지는 고기는 육즙과 풍미가 남다르다. 크레페로 고기를 감싸 페스츄리가 육즙에 젖는 걸 방지하고 소고기로 만든 쥐 드 뵈프 소스를 곁들여 클래식하지만 모던한 조리법을 사용한 요리를 만들어 보았다.

A 페스츄리
B 허브 크레페
C 뒥셀
D 소고기
E 마늘 버섯 콩피
F 크림 포테이토
G 당근 감자 캐서롤

A 페스츄리

재료

- 박력분 100g
- 물 35g
- 소금 some
- 반죽용 버터 25g
- 충전용 버터 75g

만드는 방법

01 박력분은 체에 쳐 준 후 반죽용 버터, 물, 소금과 버무려 반죽을 해 준 후 사각형으로 넓게 펴 밀어 냉장고에 보관해 준다.

02 충전용 버터도 넓게 펴 준 후 냉장 보관해 준다.

03 페스츄리 반죽에 충전용 버터를 넣어 준 후 3절 접기를 해 준다 버터가 고루 퍼지게 방망이로 두들겨 펼치고 다시 접으며 버터가 층이 잘 지게끔 준비해 준다.

04 3절 접기 한 반죽은 고기를 다 덮을 수 있을 정도로 넓게 펴 주며 두께는 약 0.3cm 정도로 유지해 냉장 보관해 준다.

3-1

3-2

B 허브 크레페

재료

- 달걀노른자   1ea
- 중력분   100g
- 우유   150ml
- 소금   some
- 딜   1g
- 파슬리   1g
- 월계수잎   1ea

만드는 방법

01. 월계수잎, 소금을 우유에 넣고 끓기 시작하면 바로 불을 꺼 준 후 월계수잎을 건져내고 식혀 준다.
02. 체에 친 중력분과 노른자를 섞어 준 후 우유를 3번 정도 나누어 가며 부어 섞어 준다.
03. 체에 걸러 준 후 곱게 다진 허브를 섞어 준다.
04. 코팅된 팬에 크레페를 만들어 준다.

C — 뒥셀

재료

- 양송이버섯 — 5ea
- 표고버섯 — 1ea
- 소금 — some
- 마늘 — 1ea
- 닭 간 — 30g
- 버터 — 1/2Ts
- 생크림 — 10ml
- 쥐 드 뵈프 — 10ml

만드는 방법

01 버섯과 마늘은 곱게 다져 준다.
02 닭 간은 팬에 소테 리솔레 해 준 후 다져 준다.
03 팬에 버터를 두르고 약불에 다진 버섯을 넣어 천천히 볶아 준다.
04 버섯에서 주스가 나오면 소금으로 간을 한 후 닭 간을 넣고 버섯 주스가 다 끓을 때까지 천천히 볶아 준다.
05 쥐 드 뵈프를 넣어 준 후 생크림을 넣고 되직해 질 때까지 졸여 준다.

D — 소고기

재료

- 소 안심 — 300g
- 마늘 — 10g
- 샐러드유 — 50ml
- 소금 — 1/2ts
- 로즈마리 — 1줄기
- 프로슈토 — 1ea
- 달걀물* — 10ml
- 쥐 드 뵈프 — 50ml
- 완성된 페스츄리 반죽 — 1ea
- 완성된 크레페 — 1ea
- 완성된 뒥셀 — 50g

*노른자를 깨서 저어 놓은 것. 색을 잘 내기 위해 사용

만드는 방법

01 소고기는 소금 간을 해 준 후 오일을 넣고 곱게 간 로즈마리와 마늘에 마리네이드 해 준다.
02 뒥셀을 둘러 준 후 프로슈토로 소고기를 감싸고 60℃ 수비드에 15분간 익혀 준다.
03 크레페로 감싸 준 후 페스츄리 반죽으로 소고기를 감싸 준다.
04 달걀물을 발라 준 후 185℃ 오븐에 20분간 구워 준다.
05 노릇하게 구운 웰링턴은 레스팅 후 자르고 접시에 담아 준다.
06 쥐 드 뵈프를 뿌려 마무리 해 준다.

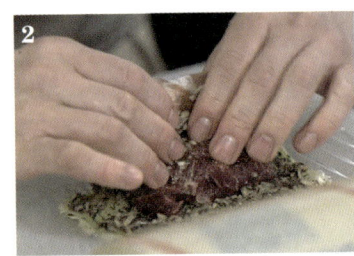 

E · 마늘 버섯 콩피

재료

- 백만송이버섯 50g
- 마늘 3ea
- 로즈마리 some
- 샐러드유 300ml
- 버터 1Ts
- 소금 some

만드는 방법

01 오일과 버터를 섞고 로즈마리를 넣어 녹여 준다.
02 소금 간을 한 버섯과 마늘을 오일에 잠기게 넣고 150℃ 오븐에 30분간 천천히 조리해 준다.

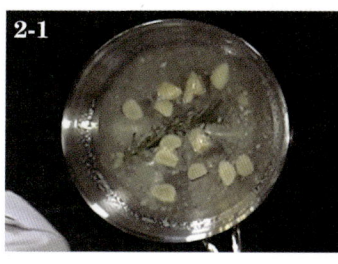

F · 크림 포테이토

재료

- 감자 200g
- 우유 500ml
- 로즈마리 some
- 큐민 some
- 버터 80g
- 그리에르 치즈 30g

만드는 방법

01 감자는 로즈마리와 큐민을 넣은 우유에 삶아 준 후 체에 내려 준다 감자는 껍질째 삶고 우유는 버리지 않는다.
02 냄비에 버터를 두르고 녹여 준 후 감자를 치대어 준다.
03 감자를 삶은 우유를 3번에 걸쳐 가며 천천히 버무려 준다.
04 감자가 우유를 머금으면 치즈를 넣어 준 후 믹서기로 곱게 갈아 준다.

당근 감자 캐서롤

재료

- ☐ 당근 100g
- ☐ 감자 100g
- ☐ 그라나 파다노 치즈 10g
- ☐ 소금 some
- ☐ 정제 버터* 30ml
- ☐ 샐러드유 15ml

*버터를 약한 불로 천천히 녹였을 때 바닥에 가라앉은 불순물을 분리하여 표면에 뜬 맑은 지방만 사용한 버터를 말한다.

만드는 방법

01 당근과 감자는 얇게 슬라이스 해 준다.
02 소금 간을 하고 치즈와 버터를 버무려 준 후 틀에 넣고 눌러 준다.
03 180℃ 오븐에 20분간 익혀 준 후 차갑게 식으면 꺼내어 원하는 모양으로 손질해 준다.
04 나가기 전 오일을 둘러 오븐에 따뜻하게 준비해 준다.

플레이팅 포인트

웰링턴을 중심으로 캐서롤을 사선 방향으로 놓는다. 빈 공간에 크림 포테이토를 짜 준 후 중심으로 소스를 뿌려 준다. 구성 요소가 적은 요리들은 음식이 바라보는 단면 방향으로 포인트를 준 후 색감이 강한 소스를 중심에 뿌려주면 접시가 비어 보이지 않는다.

서브

웰링턴은 1인분보다는 2~4인분 가량의 크기로 만드는 것이 일반적이다. 컷팅 후 접시에 나누어 담아 주는 데 레스팅을 충분히 해 주어야 소고기 핏물이 페스츄리 도우에 스며들지 않는다. 캐서롤은 구워 버섯을 올려 준 후 히팅 램프나 워머기에 잠시 보관 후 썰어놓은 웰링턴과 함께 올리면 된다.

재료 보관 방법

페스츄리 반죽은 냉동 보관이 가능하다. 크레페로 감싼 소고기는 진공 보관하면 냉장으로 2~3일은 문제 없다. 웰링턴은 메뉴 특성상 페스츄리로 감싸 보관할 수 없으니 예약 주문 또는 코스의 메인 나가는 시간에 맞추어 페스츄리를 감싸고 오븐에 구워 주어야 한다.

허브 크럼블을 얹은 양 갈비 발로틴
with 완두콩 퓌레, 마리네이드 한 완두콩 순과 폴렌타 볼과 칩, 양고기 소스

○

Herb crumbled lamb loin ballotine, green pea puree,
marinated green pea shoot,
polenta ball & chip, Jus d'agneau

| 주재료 * 양 갈비 | 조리법 * 발로틴 | 응용소스 * 쥐 다뇨 | 2인분 |

허브 크럼블은 만들어 놓으면 참 활용도가 높다. 버터 없이 허브와 빵가루만으로도 만들 수 있으며 다양한 크러스트 레시피가 존재한다. 양고기는 산마늘 잎으로 감싸 알싸한 향을 더해 주고 오븐으로 클래식하게 익혀 준비했다. 스타치*로 사랑받는 폴렌타*는 전분의 굳는 성질을 이용하여 식기 전에 빚어 모양을 만들어 준 후 튀겨 주었다.

*스타치(Starch) : 전분, 탄수화물을 뜻하며 메인 요리와 함께 곁들여 나온다. 한식으로 치면 밥이다.
*폴렌타 : 옥수수로 만든 가루 또는 그것으로 만든 요리를 뜻한다.

- A 허브 크럼블
- B 양 갈비
- C 완두콩 퓌레
- D 폴렌타볼 튀김
- E 폴렌타 칩
- F 마리네이드 한 완두콩 순
- G 브랜디를 넣은 쥐 다뇨

허브 크럼블

재료

- ☐ 파슬리 10g
- ☐ 로즈마리 2g
- ☐ 바질 5g
- ☐ 설탕 10g
- ☐ 소금 some
- ☐ 버터 100g
- ☐ 빵가루 100g

만드는 방법

01 파슬리, 로즈마리, 바질, 빵가루를 믹서기로 곱게 갈아 허브 빵가루를 만들어 준다.

02 냄비에 버터를 두르고 허브 빵가루와 설탕, 소금을 넣고 버무려 주어 크럼블을 만들어 준다.

03 색을 내지 않고 버터와 빵가루가 엉기듯이 익으면 꺼내 말려 준다.

04 양 갈비에 올리기 전에 180℃ 오븐에 5~7분간 익혀 바삭하게 만들어 준다.

양 갈비

재료

- ☐ 양 갈비(프렌치 랙)   500g
- ☐ 소금   1/2ts
- ☐ 호두   50g
- ☐ 잣   30g
- ☐ 시금치   50g
- ☐ 명이나물(산나물)   3ea
- ☐ 디종 머스터드   10g
- ☐ 샐러드유   some

만드는 방법

01 양 갈비는 소금으로 마리네이드 한 후 펼쳐 준다.
02 호두, 잣은 다져 볶아 준 후 데치고 채 썰어 준 시금치와 함께 버무려 준다.
03 펼쳐진 양 갈비에 견과류와 시금치를 채워 준 후 둥글게 말아 준다.
04 명이나물로 감싸 준 후 조리용 실로 피슬레 묶어 해 준다.
05 오일을 두른 팬에 전체적으로 1분씩 색이 날 정도의 온도로 구워 준다.
06 180℃ 오븐에 15분간 로스팅 해 준다. 내부 온도 60~63℃.
07 5분 레스팅 후 조리용 실을 벗기고 썰어 준다.
08 디종 머스터드를 발라 준 후 허브 크럼블을 올려 준다.

완두콩 퓌레

재료

- 완두콩 200g
- 퐁 드 볼라유 300ml
- 생크림 10ml
- 버터 100g

만드는 방법

01 냄비에 버터를 두르고 녹여 준 후 완두콩을 넣어 볶아 준다.
02 향이 나면 퐁 드 볼라유를 넣고 끓여 완두콩을 충분히 삶아 준다.
03 생크림을 넣고 곱게 갈아 체에 내려 준다.

폴렌타 볼 튀김

재료

- 폴렌타 50g
- 우유 200ml
- 고르곤졸라 치즈 10g
- 샬롯 10g
- 버터 10g
- 소금 some
- 덧가루용 폴렌타 ome
- 튀김유 1L

만드는 방법

01. 냄비에 버터를 두른 후 다진 샬롯을 넣어 볶아 준다. 향이 나면 우유를 넣고 끓여 준다.
02. 고르곤졸라 치즈를 넣어 녹여 준 후 소금과 폴렌타 가루를 천천히 저어가며 넣는다.
03. 뭉글하게 끓고 농도가 나면 팬에 부어 준다.
04. 폴렌타가 식기 전 빚어 볼로 만들어 준다.
05. 한 김 식힌 후에 덧가루용 폴렌타 가루를 둘러 준 후 기름에 노릇하게 튀겨 준다.

Ⓔ 폴렌타 칩

재료

- 폴렌타 50g
- 우유 100ml
- 소금 some

만드는 방법

01 냄비에 우유를 넣고 끓기 시작하면 소금과 폴렌타 가루를 넣어 저어가며 농도를 맞추어 준다.

02 식기 전 실리콘 몰드에 넣고 얇게 펴 발라 준 후 110℃ 오븐에 천천히 구워 칩을 만들어 준다.

F 마리네이드 한 완두콩 순

재료

- 레몬 드레싱*   10ml
- 완두콩 순   some
- 차이브   some

만드는 방법

01 서빙 직전 완두콩 순과 차이브에 레몬 드레싱을 버무려 완성된 접시에 가니쉬로 준비해 준다.

레몬 드레싱 레시피*

재료

- 레몬즙   50ml
- 퓨어 올리브유   100ml
- 설탕   1ts
- 화이트 와인 식초   15ml
- 레몬 제스트   some

만드는 방법

01 믹싱볼에 레몬즙과 화이트 와인 식초를 넣고 설탕을 섞어 준다.
02 설탕이 녹으면 올리브유를 벽을 따라 가며 빠르게 휘핑 해 준다.
03 레몬즙과 오일이 에멀젼이 되면 레몬 제스트를 뿌려 마무리한다.
04 딜이나 바질이 있다면 다져 함께 해주면 더 좋다.

브랜디를 넣은 쥐 다뇨

재료

- 쥐 다뇨   100ml
- 브랜디   30ml
- 타임   some

만드는 방법

01 브랜디에 타임을 넣고 반으로 졸인 후 쥐 다뇨를 넣고 끓여 풍미를 더해 준다.

플레이팅 포인트

양 갈비를 중심으로 녹색과 노란색을 잘 표현한 접시로 양 갈비와 폴렌타 사이를 퓌레와 완두콩으로 메꾸어 색감을 더해 준다. 완두콩 퓌레의 곁에 완두콩을 두어 같은 재료이지만 다른 식감과 맛을 느끼게 표현해 준다.

서브

양 갈비는 조리 후 커팅하고 크럼블까지 얹어 준비해 준다. 코스의 순서가 다가오면 타이밍을 맞춰 오븐에 넣어 크럼블을 바삭하게 조리해 준다. 폴렌타는 접시에 담기 전에 튀겨 기름을 빼 주는 것이 좋다. 완두콩 퓌레는 오래 끓이면 색이 변할 수 있으므로 나가기 직전에 데워 준다.

재료 보관 방법

양 갈비는 명이나물로 말아 준 후 진공하여 냉장 보관해 준다. 3일 정도는 크게 문제없이 사용할 수 있다. 크럼블을 미리 만들어 놓아 냉동 보관해 준다. 완두콩 퓌레는 당일 소진용으로 소량으로 만드는 것을 추천한다.

브리오슈 브레드 파테로 감싼 애쉬향을 낸 닭 가슴살 룰라드

with 닭 다리살 크로켓, 태워 향을 낸 양송이 퓌레, 샬롯 라따뚜이 파르시, 닭고기 소스

○

Brioche bread paté wrapped ash flavor chicken roulade, chicken leg croquette, charcoal mushroom puree, shallot ratatouille farcis, jus de volaille

| **주재료** * 닭 가슴살, 닭 다리살 | **조리법** * 룰라드 | **응용소스** * 쥐 드 볼라유 | 2인분 |

고기나 내용물을 반죽으로 감싸 익힌 요리를 통칭 파테 Pate 라고 하며 내용물을 질그릇에 넣어 익힌 것을 테린 Terrine 이라고 한다. 파테의 반죽을 응용하여 닭 가슴살 룰라드를 만들었다. Bocuse D'or 2015년 대한민국 국가대표로 출전했을 때 만들었던 레시피로 지금은 조금 더 업그레이드한 레시피이다. 닭 다리살은 감자와 함께 크로켓을 만들고 클래식한 닭고기 소스 쥐 드 볼라유 를 준비했다.

A 파테
C 닭 다리살 크로켓
F 쥐 드 볼라유
B 닭 가슴살 룰라드
E 라따뚜이를 채운 샬롯 파르시
G 가니쉬
D 양송이 퓨레

A 파테

재료

- ☐ 닭 가슴살 — 100g
- ☐ 생크림 — 15ml
- ☐ 파슬리 — 1g
- ☐ 브리오슈 크럼블* — 75g
- ☐ 소금 — some
- ☐ 양송이버섯 — 100g
- ☐ 버터 — 10g
- ☐ 피스타치오 — 10g

*브리오슈(Brioche) 갈은 것

만드는 방법

01 닭 가슴살은 생크림과 섞어 곱게 갈아 체에 내려 냉장 보관한다.
02 양송이버섯은 곱게 다져 준 후 버터에 천천히 볶아 준다.
03 피스타치오는 다져 준 후 팬에 볶아 준다.
04 위 재료와 브리오슈 크럼블, 다진 파슬리, 소금을 섞어 반죽을 만들어 준 후 넓게 펴 냉장 보관한다.

닭 가슴살 룰라드

재료

- 닭 가슴살 150g
- 애쉬 파우더* some
- 소금 some
- 파르마햄 1ea
- 근대잎 1ea
- 샐러드유 some

*애쉬(Ash)는 잿가루라는 뜻이 있어서 야채 태운 재들을 애쉬 가루 또는 애쉬 파우더라고 함

만드는 방법

01 닭 가슴살은 길게 잘라 손질해 주고 소금 간을 해 준 후 애쉬 파우더를 뿌려 마리네이드 해 준다.

02 데친 근대잎으로 먼저 감싸 준 후 파르마햄으로 한 번 더 감싸 랩으로 고정 후 냉장고에 넣어 굳혀 준다.

03 굳은 닭 가슴살은 랩을 풀고 파테로 감싸 준 후 랩으로 다시 말아 진공팩에 넣어 63℃에 30분간 수비드 해 준다.

04 꺼낸 후 기름을 두른 팬에 넣어 앞뒤로 노릇하게 구워 준다. 5분 레스팅 후 썰어 준다.

닭 다리살 크로켓

재료

- 닭 다리살 — 50g
- 삶아 으깬 감자 — 100g
- 다진 양파 — 10g
- 빵가루 — 50g
- 중력분 — some
- 달걀물* — some
- 소금 — some
- 버터 — 30g
- 파슬리 가루 — some
- 튀김유 — 200ml

*노른자를 깨서 저어 놓은 것. 색을 잘 내기 위해 사용

만드는 방법

01 닭 다리살은 곱게 다져 준 후 소금을 넣고 다진 양파, 으깬 감자와 버무려 준다.
02 반죽은 차갑게 굳혀 준 후 단단해지면 빠리지엔으로 판 버터*를 속에 채워 볼을 만들어 준다.
03 밀가루, 달걀물, 빵가루를 묻힌 후 냉동에서 살짝 굳혀 볼의 원형을 유지해 준다.
04 150℃ 기름에 노릇하게 튀겨준다. 버터가 녹아 터지지 않게 유의한다.
05 파슬리 가루를 뿌려 마무리한다.

*야채를 둥글게 파는 용도의 빠리지엔 나이프로 버터를 둥글게 파는 것

D — 양송이 퓌레

재료

- ☐ 양송이버섯 100g
- ☐ 우유 300ml
- ☐ 생크림 15ml
- ☐ 버터 1Ts
- ☐ 소금 some

만드는 방법

01 양송이는 그릴에 태워 향을 내 준 후 버터를 두른 냄비에 볶아 준다.
02 소금을 넣어 간을 해 준 후 우유를 넣고 끓여 익으면 양송이를 건져 생크림과 함께 곱게 갈아 준다.
03 체에 내려 준다.

E — 라따뚜이를 채운 샬롯 파르시

재료

- ☐ 샬롯 1ea
- ☐ 양파 30g
- ☐ 마늘 10g
- ☐ 가지 30g
- ☐ 애호박 30g
- ☐ 토마토 페이스트 1ts
- ☐ 퐁 드 볼라유 100ml
- ☐ 그라나 파다노 치즈 some
- ☐ 버터 15g
- ☐ 소금 some

만드는 방법

01 양파, 마늘, 가지, 애호박은 스몰 다이스 해 준다.
02 팬에 버터를 두르고 야채를 볶아 준 후 약간의 소금과 토마토 페이스트를 넣어 맛을 내어 라따뚜이를 만들어 준다.
03 퐁 드 볼라유를 부어 풍미를 더해 끓이듯이 볶아 준다.
04 샬롯의 심지를 파 준 후 소금 간을 해 준다. 라따뚜이를 채워 준 후 그라나 파다노 치즈를 뿌려 180℃ 오븐에 15분간 익혀 준다.

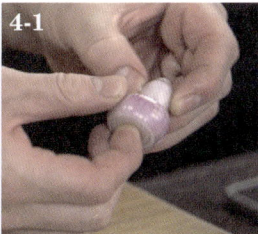

F — 쥐 드 볼라유

재료
- 쥐 드 볼라유　　100ml
- 버터　　10g

만드는 방법

01　쥐 드 볼라유 소스를 끓여 준 후 끓기 시작하면 버터를 둘러 몽떼를 해 풍미를 더해 준다.

G — 가니쉬

재료
- 피스타치오　　some
- 백만송이버섯　　some
- 버터　　15g
- 차이브　　some
- 식용 꽃　　som

만드는 방법

01　피스타치오와 백만송이버섯은 손질 후 버터에 살짝 볶아 준다.

02　버섯과 피스타치오는 절반 정도를 닭 가슴살 룰라드에 토핑처럼 차이브, 꽃과 함께 얹어 주고 나머지 버섯과 피스타치오는 접시에 올려 준다.

플레이팅 포인트

각기 다른 모양의 음식들의 구성 요소를 둥글게 배치한 플레이팅으로 가운데 빈 공간을 중심으로 재료들을 놓는다. 일정한 간격으로 리듬감을 주고 높낮이를 다르게 배치하여 재미있게 밸런스를 잡아 준다. 가운데 빈 공간에 소스를 터치하는 것이 포인트이다.

서브

닭 가슴살 룰라드는 2~4인분 가량 만들어 수비드 후 시어링을 하고 준비한다. 접시에 담는 시간을 계산하여 레스팅을 하고 컷팅 후 꽃과 차이브, 피스타치오를 올려 준다. 히팅 램프에 잠시 동안 보관 가능하다. 튀김은 접시에 담기 직전에 튀기고 기름을 빼 놓는 게 좋다. 샬롯 파르시는 라따뚜이를 얹어 준 후 워머기에 넣어 보관하고 나가기 전에 접시에 담는다.

재료 보관 방법

닭 가슴살 룰라드는 수비드 전 진공하여 냉장 보관하면 된다. 진공된 닭 가슴살 룰라드는 3일간은 보관 가능하나 되도록 당일 소진 또는 다음날에는 사용해 주는 것이 좋다. 닭 다리살 튀김은 빵가루까지 입혀 급랭 후 냉동 보관하면 2주간은 문제없이 사용할 수 있으나 냉동된 닭 다리살 튀김은 너무 많이 해동하면 수분이 흘러 식감이 뭉게질 수 있으니 주의하도록 하자.

닭 간과 마늘 빵, 사과를 채운 허브 럽을 발라 구운 메추리

with 글레이징 한 화이트 아스파라거스, 화이트 아스파라거스 퓌레,
쑥갓 크림, 건포도를 넣은 메추리 소스

○

Chicken liver and garlic bread, apple stuffed roast herb rub quail,
white asparagus puree, crown daisy cream, jus de caille

| 주재료 * 메추리 몸통 | 조리법 * 로스트 | 응용소스 * 쥐 드 카유 | 2인분 |

메추리는 아직 한국 양식에서 대중적으로 사용되는 식자재는 아니다. 하지만 앞으로 더 발전할 한국의 미식 문화 속에 비둘기, 꿩, 거위 등의 다양한 가금류를 다루어야 하기에 앞서 메추리만큼 매력적인 재료도 없다. 살짝 강한 향의 브랜디를 곁들여 풍미를 주고 배를 가르지 않고 뼈를 통째로 꺼내 준 후 재료를 채워 준다. 2016년 프랑스 보드로 Bordeaux 장애인 요리 올림픽에 부감독으로 참여하여 지도했던 요리이다. 야생 조류에는 살짝 달콤한 가니쉬나 소스를 곁들이면 좋다. 메추리 소스 쥐 드 카유에 건포도와 체리를 곁들여 식감과 은은한 단맛을 더했다.

- A 스터핑 재료
- B 메추리와 허브 럽
- D 화이트 아스파라거스 퓌레
- C 글레이징 한 화이트 아스파라거스
- E 쑥갓 크림
- F 건포도를 넣은 쥐 드 카유

Ⓐ 스터핑* 재료

재료

- ☐ 닭 간 — 75g
- ☐ 브랜디 — 15ml
- ☐ 버터 — 1ts
- ☐ 사과 — 50g
- ☐ 마늘 — 2ea
- ☐ 호밀빵 — 50g
- ☐ 올리브유 — some
- ☐ 피스타치오 — some
- ☐ 닭 무스* — 100g
- ☐ 근대잎 — 2장

만드는 방법

01 닭 간은 손질 후 버터를 두른 팬에 노릇하게 구워 준 후 브랜디를 넣어 졸여 준다.
02 사과, 마늘은 다져 준 후 다이스 한 호밀빵, 피스타치오와 함께 올리브유를 두른 팬에 살짝 볶아 준다.
03 위 재료를 닭 무스와 버무려 준다.
04 데친 근대잎으로 감싸 준다.

*Stuffing. '채우다'라는 뜻이 있는 조리 용어로 고기나 생선에 갖은 재료들을 채워 넣어 굽거나 찌는 방식으로 활용할 수 있다. 파르스(Farce)라고도 한다.

닭 무스 레시피*

재료

- ☐ 닭 가슴살 — 100g
- ☐ 생크림 — 20ml
- ☐ 소금 — some

만드는 방법

01 닭 가슴살은 작게 주사위 모양으로 잘라 준다.
02 믹서기에 닭 가슴살과 생크림, 소금을 넣고 곱게 갈아 준다.
03 체에 내려 냉장고에 차갑게 보관해 준 후 사용한다.

메추리와 허브 럽

재료

- 통 메추리 — 1마리
- 소금 — some
- 건바질 — 2g
- 건타임 — 2g
- 건큐민 — 2g
- 터메릭 — 2g
- 로즈마리 — some
- 월계수잎 — some
- 올리고당 — 30ml
- 미림 — 50ml
- 화이트 와인 — 200ml

만드는 방법

01 메추리는 몸통 뼈를 분리해 준다.
02 허브들을 곱게 갈아 체에 내려 준 후 소금 간을 하고 올리고당과 미림을 바른 메추리에 마리네이드 해 준다.
03 메추리에 근대로 감쌀 재료를 넣어 준 후 실로 묶어 준다.
04 트레이에 화이트 와인과 허브를 자작하게 넣어 준 후 메추리를 올려 준다.
05 180℃ 오븐에 30분간 조리해 준다.

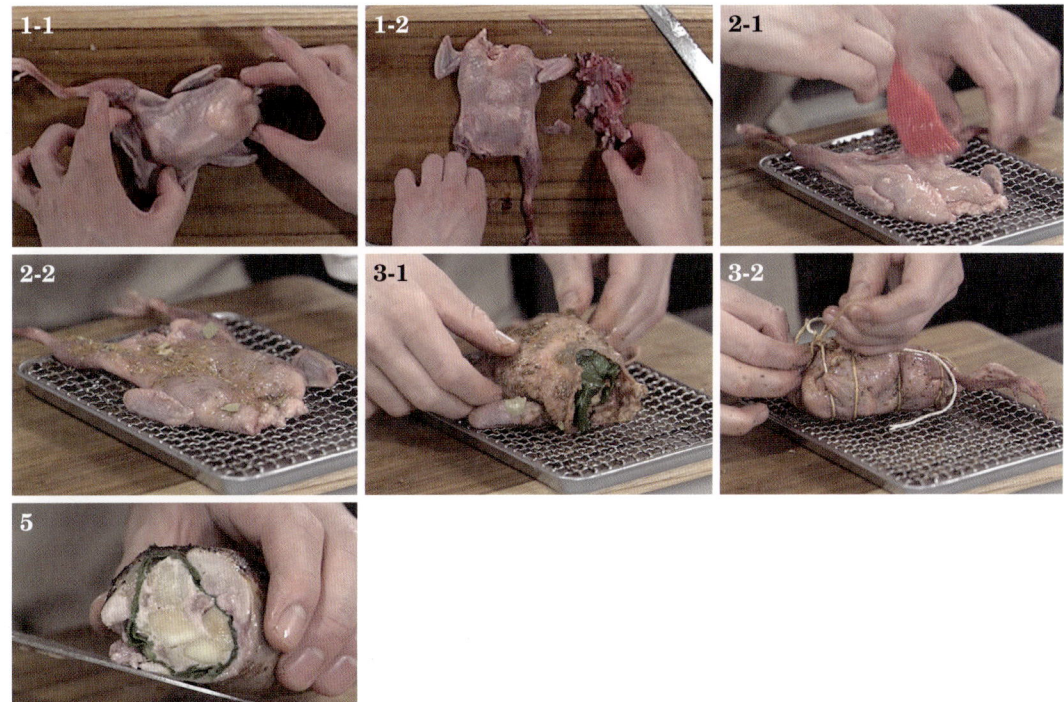

글레이징 한 화이트 아스파라거스

재료

- 화이트 아스파라거스 2ea
- 데칠 버터 50g
- 오렌지주스 100ml
- 글레이징용 버터 50g
- 설탕 30g
- 레몬 제스트 some
- 바질 some

만드는 방법

01 화이트 아스파라거스는 껍질을 벗겨 준 후 버터를 넣은 물에 데쳐 준다.
02 오렌지주스, 설탕, 버터를 넣고 주스를 1/2로 졸여 준다.
03 데친 화이트 아스파라거스를 넣고 졸여 준다.
04 레몬 제스트와 바질을 얹어 준다.

D 화이트 아스파라거스 퓌레

재료

- 화이트 아스파라거스 100g
- 화이트 와인 50ml
- 우유 300ml
- 생크림 30ml
- 버터 50g
- 소금 some

만드는 방법

01 화이트 아스파라거스는 얇게 슬라이스 해 준다.
02 냄비에 버터를 두르고 아스파라거스를 볶아 준다.
03 소금 간을 해주고 화이트 와인을 넣어 데글라세 해 준다.
04 와인이 자작하게 졸아들면 우유를 넣고 끓여 준다.
05 아스파라거스가 익으면 건져 올려 크림을 넣고 곱게 갈아 준 후 체에 내려 준다.

E — 쑥갓 크림

재료
- 쑥갓　　　　50g
- 바질　　　　5g
- 퐁 드 볼라유　200ml
- 생크림　　　30ml
- 버터　　　　15g

만드는 방법
01 쑥갓은 데쳐 준 후 물기를 빼 준다.
02 냄비에 버터를 두른 후 쑥갓과 바질을 볶아 준다.
03 퐁 드 볼라유를 넣어 준 후 쑥갓에 맛과 향을 내 준다.
04 걸죽한 농도가 되면 크림을 넣고 곱게 갈아 준다.
05 체에 내려 스프와 같은 농도로 만들어 준다.

F — 건포도를 넣은 쥐 드 카유

재료
- 쥐 드 카유　100ml
- 브랜디　　　30ml
- 건포도　　　30g
- 체리　　　　10g

만드는 방법
01 브랜디에 다진 건포도와 체리를 넣고 끓여 준다.
02 쥐 드 카유를 함께 넣어 끓여 풍미를 더해 준다.

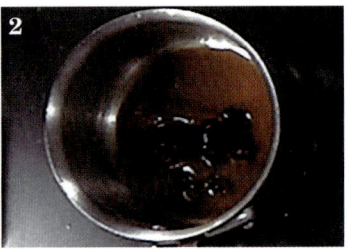

플레이팅 포인트

왼쪽부터 메추리 몸통을 중심으로 퓌레, 화이트 아스파라거스로 접시의 밸런스를 잡아 준다. 구운 메추리 다리로 높이를 주어 접시에 재미를 주고 녹색의 쑥갓 크림은 흰 접시를 사용하는 즐거움을 더해 준다.

서브

메추리 1마리당 2인분이 나오는 접시로 코스의 서비스 타이밍에 맞게 오븐에 들어가야 한다. 만약 미리 구워 놓은 상태라면 호일로 덮어 워머기에 보관해 주는데, 너무 긴 시간은 음식의 맛을 저하시킬 수 있으니 유의해야 한다. 아스파라거스는 데쳐 놓아 준 후 접시에 담기 전에 글레이징 해 주는 것이 좋다. 쑥갓 퓌레도 미리 따뜻하게 데워 놓으면 색이 변할 수 있으니 나가기 직전에 데워 준다.

재료 보관 방법

메추리는 재료를 스터핑하고 럽을 바르고 밀봉한 후 냉장 보관해 준다. 하루 이상 보관하지 않는다. 아스파라거스 퓌레는 색이 변하지 않으므로 어느 정도 대량으로 만들어 준 후 당일 필요한 양만큼 진공 후 급랭 보관하면 2주는 문제없이 사용할 수 있다.

숯향을 입힌 오리 껍질 크런치와 오리 가슴살 구이

with 시나몬향을 곁들인 구운 비트, 비트 파르마 햄 밀푀유, 오렌지 비가라드 소스

*Charcoal flavor duck skin crunch with duck breast,
cinnamon flavor roasted beet, beet parma ham mille feuille,
orange bigarade sauce*

| 주재료 * 오리 가슴살 | 조리법 * 수비드 | 응용소스 * 소스 비가라드 | **2인분** |

오리는 버릴게 없는 식자재다. 가슴살은 스테이크로, 다리는 콩피로, 남은 뼈는 기름을 내어 요리와 함께 조리하여 내면 그만한 풍미가 또 없다. 가슴살은 미디엄으로 먹는 것을 추천하며 껍질은 바삭하게 굽는 것을 선호한다. 오리 다리 콩피는 오일에 담가 기름에 천천히 조리하는 방식으로 대량 조리와 보관이 용이하다. 이 요리는 2016년 에스코피에 요리대회 한국 국가대표 선발전 때 개발하여 1등을 한 요리이다.

- A 오리 껍질 크런치
- B 오리 가슴살
- C 구운 비트
- D 비트와 파르마햄 밀푀유
- E 비트 샐러드
- F 비가라드 소스

오리 껍질 크런치

재료

- ☐ 오리 가슴살 껍질 — 1ea
- ☐ 꽃소금 — 1Ts
- ☐ 바질 — 5g
- ☐ 로즈마리 — 1줄기
- ☐ 정향 — some
- ☐ 오렌지 껍질 — some
- ☐ 튀김유 — 500ml
- ☐ 밀가루 — some

만드는 방법

01 오리 껍질은 소금, 정향, 오렌지 껍질, 허브에 마리네이드 해 준다.

02 소금을 걷어 준 후 흐르는 물에 30분 가량 데살레 _{소금기를 빼주는 과정} 해 준다.

03 물기를 제거해 준 후 그릴에 천천히 구워 향을 입혀 준다.

04 껍질이 익으면 스몰 다이스로 썰어 준 후 밀가루를 입히고 기름에 튀겨 준다.

오리 가슴살

재료

- ☐ 오리 가슴살   1ea
- ☐ 디종 머스타드   15g
- ☐ 베이컨   1ea
- ☐ 소금   some
- ☐ 타임   some

만드는 방법

01. 오리 가슴살은 소금 간을 하고 타임, 베이컨과 함께 진공 후 60℃ 30분 수비드 해 준다.
02. 베이컨향을 머금은 가슴살을 꺼내 준 후 앞뒤로 1분간 강하게 시어링 해 준다.
03. 머스터드를 발라 준 후 튀긴 오리 껍질을 둘러 준다.

Ⓒ 구운 비트

재료

- 비트 1ea
- 설탕 1ts
- 시나몬 가루 some
- 버터 1Ts
- 오렌지주스 30ml

만드는 방법

01 비트는 미디엄 다이스 1.2×1.2cm 크기로 손질 후 호일로 감싸 200℃ 오븐에 10분간 구워 준다.

02 오렌지주스, 시나몬 가루, 설탕을 넣고 끓여 준 후 버터를 넣고 글레이징 리큐어를 만들어 준다.

03 글레이징 리큐어에 구운 비트를 넣고 3분가량 끓여 코팅을 해 준다.

D — 비트 파르마 햄 밀푀유

재료

- 비트 슬라이스   10장
- 파르마 햄   8장
- 파르미자노 레지아노 치즈   10g
- 정제 버터   50ml

만드는 방법

01. 비트와 햄을 넓게 펴 준 후 정제 버터를 발라 준다.
02. 파르미자노 레지아노 치즈를 곱게 뿌려 준 후 비트와 햄을 번갈아 가며 쌓아 준다.
03. 틀에 넣어 준 후 200℃ 오븐에 30분간 눌러 주며 익혀 준다.
04. 차갑게 식혀 준 후 썰어 주고, 오븐에 살짝 구워 서빙한다.

E — 비트 샐러드

재료
- 비트　　　　　　50g
- 오렌지주스　　　50ml
- 설탕　　　　　　10g
- 퓨어 올리브유　 100ml
- 레몬 제스트　　 some

만드는 방법
01　비트는 얇게 슬라이스 후 몰드로 찍어 준다.
02　오렌지주스에 설탕을 녹여 준 후 올리브유를 넣어 가며 오렌지 드레싱을 만들어 준다.
03　오렌지 드레싱을 비트 샐러드에 넣어 버무려 준 후 레몬 제스트를 뿌려 마무리 해 준다.

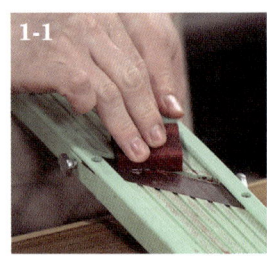   

F — 비가라드 소스

재료
- 오렌지 과육　　　50g
- 오렌지 제스트　　15g
- 오렌지주스　　　50ml
- 화이트 와인　　　50ml
- 쥐 드 카나르　　100ml
- 타임　　　　　　some
- 로즈마리　　　　some

만드는 방법
01　오렌지주스, 화이트 와인, 오렌지 제스트, 허브를 넣고 끓여 졸여 준다.
02　쥐 드 카나르에 넣고 섞어 농도를 내 준다.
03　태워 향을 낸 오렌지 다이스를 넣어 끓여 주고 체에 걸러 준 후 접시에 담아 준다.

플레이팅 포인트

균형 잡힌 1:1 플레이팅으로 접시의 중앙에서 주재료와 가니쉬가 대칭을 이루어 중심을 잡아 주어야 한다. 1:1 플레이팅은 한쪽으로 음식이 기울면 접시 자체가 불안정해 보일 수 있기 때문에 되도록 정확한 중심에 재료들을 놓아야 한다.

서브

오리 고기는 온도에 민감하다. 수비드 후 시어링을 하고 레스팅 시간과 껍질을 올리는 과정을 충분히 생각한 후 접시에 담아 오리의 맛과 풍미를 최대한 살려야 한다. 껍질 튀김은 미리 튀겨 놓아도 괜찮다. 나가기 전 한 번 더 튀겨 주거나 살짝 볶아 주면 좋다. 비트 밀푀유는 만들어 식힌 후 원하는 크기로 잘라 나가기 전 오리 가슴살의 레스팅 시간을 계산해 오븐에 넣어 충분히 데워 주어야 한다.

재료 보관 방법

오리 가슴살은 베이컨과 함께 진공 후 냉장 보관해 줄 수 있다. 고기만 진공한다면 육류는 일주일도 보관 가능하나 허브나 베이컨이 들어간 오리의 경우는 1~2일 정도만 보관하는 것을 추천한다. 냉장 보관 후 코스의 순서에 나가기 전 실온에 빼놓고 수비드 시간을 계산하여 조리하면 된다. 비트 밀푀유는 만든 후 밀봉 용기에 넣어 냉장고에 2~3일 정도 보관해 줄 수 있다.

베이컨, 케이퍼, 마늘을 넣은 버터에 팬 프라이 한 돼지 안심과 무슬린 소스

with 가지 퓌레, 가지로 감싼 병아리콩 후무스와 당근, 아스파라거스

○

Butter with bacon, capers and garlic pan-fried pork tenderloin,
mousseline sauce, eggplant puree,
eggplant wrapped chick pea hummus with carrots and asparagus

| **주재료** * 돼지 안심 | **조리법** * 팬 프라잉 | **응용소스** * 소스 무슬린 | 1인분 |

피카타*라는 조리법을 활용한 요리로 천천히 구워 돼지 안심의 다소 담백한 맛을 산도와 버터로 풍미를 더해 재미 요소를 넣었다. 가지는 퓌레를 만들어 준 후 껍질은 야채 테린을 만드는 데 사용하여 재료의 활용성을 높였다.

*송아지 고기나 돼지고기를 썰어 노릇하게 구운 후 그 육즙에 레몬즙, 케이퍼, 파슬리 다진 것을 넣어 소스를 만들어 함께 곁들인 요리

무슬린 소스 C
B 가지 퓌레
돼지 안심 A
D 가지로 감싼 병아리콩 후무스와 당근, 아스파라거스

A 돼지 안심

재료

- ☐ 돼지 안심   180g
- ☐ 파슬리   1g
- ☐ 흑후추   some
- ☐ 레몬즙   10ml
- ☐ 케이퍼   1ts
- ☐ 마늘   2ea
- ☐ 소금   some
- ☐ 베이컨   15g
- ☐ 샐러드유   30ml
- ☐ 소스 무슬린   2Ts

만드는 방법

01 돼지고기는 소금, 후추에 마리네이드 해 준 후 기름에 튀기듯이 익혀 준다.

02 고기가 다 익기 전 파슬리와 간마늘을 넣어 향을 입혀 준다.

03 고기를 꺼내고 레스팅 시켜 주고 팬에 남은 고기 육즙에 손질한 베이컨, 레몬즙, 케이퍼를 넣어 소스를 만들어 준다.

04 돼지 안심은 소스 무슬린에 글라사주 해 준다.

» 돼지 안심을 굽고 남은 육즙과 재료들은 접시에 담아 소스로 활용해 준다.

Ⓑ 가지 퓌레

재료

- 가지 1ea
- 건큐민 5g
- 건오레가노 5g
- 터머릭 2g
- 버터 2Ts
- 우유 300ml
- 생크림 30ml

만드는 방법

01 가지는 칼집을 넣어 준 후 큐민, 오레가노, 터머릭을 뿌린 후 버터를 발라 180℃ 오븐에서 구워 준다.
02 구운 가지의 씨를 빼 준 후 우유에 끓여 맛을 더해 준다.
03 생크림을 넣고 갈아 퓌레를 만들어 준다.

무슬린 소스

재료

- 달걀노른자 — 1ea
- 정제 버터 — 1Ts
- 화이트 와인 — 100ml
- 파슬리 줄기 — some
- 설탕 — some
- 생크림 — 30ml
- 양파 — 20g
- 소금 — some

만드는 방법

01 화이트 와인에 파슬리, 양파, 소금, 설탕을 넣고 천천히 끓여 준다.
02 반으로 졸여 화이트 와인 리덕션을 만들어 준 후 체에 걸러 식혀 준다.
03 차갑게 식은 화이트 와인 리덕션을 믹싱볼에 넣어 준 후 노른자를 넣어 준다.
04 넓은 냄비에 물을 끓이고 믹싱볼을 올려 중탕으로 휘핑을 해 준다.
05 빠르게 8자로 휘핑을 해 주며 거품이 일게끔 만들고 그 부피감을 유지하며 노른자를 익혀 사바용 소스를 만들어 준다.
06 사바용 소스에 정제 버터를 넣어 훌렌다이즈 소스를 넣어 준 후 80% 휘핑한 생크림과 섞어 준다.

가지로 감싼 병아리콩 후무스와 당근, 아스파라거스

재료

- 당근 — 1/2ea
- 아스파라거스 — 2ea
- 삶은 병아리콩 — 50g
- 퐁 드 볼라유 — 300ml
- 생크림 — 15ml
- 가지 껍질* — 1ea

*가지 껍질은 가지 퓌레를 만들어 준 후 남은 껍질을 활용하면 된다.

만드는 방법

01 아스파라거스와 당근은 손질해 준 후 데쳐 준다.
02 병아리콩은 퐁 드 볼라유와 함께 끓여 준 후 으깨 크림과 같이 갈아 준다.
03 위 재료들을 섞어 준 후 가지 껍질로 감싸 준 후 랩으로 단단히 고정해 준다.
04 차갑게 식혀 굳힌 야채를 감싼 가지는 잘라 준 후 접시에 담기 전에 오븐에 데워 나간다.

» 병아리콩 한 작은술 정도는 따로 빼 기름에 살짝 볶아 가니쉬로 활용해 준다.

플레이팅 포인트

메인과 가니쉬에 기술이 많이 들어간 개성 강한 요리들이다. 접시 아래쪽으로 횡렬로 배치 후 빈 공간은 소스와 퓌레로 채워 접시가 허전해 보이지 않게 만든다. 이렇게 굴곡이 많은 접시의 경우에는 딱 들어 맞지 않은 조금은 틀에 벗어난 플레이팅을 해보는 것도 좋다.

서브

돼지 안심은 구워 준 후 나가기 직전에 따뜻한 무슬린 소스를 얹어 그라탕 해 주는 것이 좋다. 무슬린 소스로 글라사주 하였어도 고기에 레스팅이 제대로 되어 있지 않다면 접시에 육즙이 흐를 수 있으니 주의해야 한다. 가지로 감싼 야채는 컷팅 후 나가기 전에 오븐에 구워 접시에 담아 준다.

재료 보관 방법

돼지 안심은 마리네이드 후 진공 포장해 1~2일 정도 보관해 줄 수 있다. 무슬린 소스는 홀렌다이즈 소스 상태로 보관하며 음식 서비스가 있기 전에 필요한 양만큼을 휘핑한 생크림과 섞어 나간다.

비트 밀푀유

애쉬로 향을 낸 연어 콩피

무슬린 소스로 글라사주 한 돼지 안심

뒥셀을 넣은 버섯 테린

당근·감자 캐서롤

챠콜로 향을 낸 랍스터

새우 테린

리버스 시어링 한 새우 파우더를 넣은 돼지 등심

with 파래가루를 뿌린 브라운 버터로 맛을 낸 감자 매시,
숯향을 낸 대파 크림과 튀김, 뒥셀을 넣은 버섯 테린, 머스터드 소스

○

Reverse seared pork sirloin with shrimp powder,
brown butter potato mash with laver powder, charcoal flavor leek cream and
leek fritter, duxelles of mushroom terrine, jus de boeuf

| **주재료** * 돼지 등심 | **조리법** * 리버스 시어링 | **응용소스** * 쥐 드 뵈프 | 2인분 |

오븐으로 저온 조리한 리버스 시어링이라는 조리법을 사용하였다. 겉면을 바삭하게 조리한 후 오븐에 넣는 방식이 아닌 반대로 오븐에서 저온에서 조리하여 육즙 보관 후 겉면을 익혀 나가는 방식으로 육즙 용출이 적고 대량 조리를 했을 시에 유용하다. 감자 매시를 만드는 다양한 조리법 중 이번에는 냄비가 아닌 믹싱볼에서 열을 가하지 않고 버터를 몽떼해 주는 방식으로 만들어 주었는데 이미 만들어진 갈색 버터가 더 타지 않게 유지한 채 버터의 고소한 맛과 감자의 담백한 맛을 더해 주는 방식이다.

A 리버스 시어링 한 돼지 등심
B 파래가루를 뿌린 브라운 버터로 맛을 낸 감자 매시
C 뒥셀을 넣은 버섯 테린
D 숯향을 낸 대파크림과 튀김
E 머스터드 소스

A 리버스 시어링 한 돼지 등심

재료

- □ 돼지 등심 250g
- □ 건새우 15g
- □ 소금 some
- □ 흑후추 some
- □ 생강 10g
- □ 마늘 10g
- □ 버터 some
- □ 샐러드유 some

만드는 방법

01 돼지 등심은 넓게 펴고 소금과 후추를 뿌려 준 후 갈은 생강과 마늘에 1시간가량 마리네이드 해 준다.

02 건새우를 볶아 준 후 곱게 갈고 체에 쳐서 50℃에서 40분간 말려 준다.

03 돼지 등심에 건새우 파우더를 넣고 말아 준다.

04 조리용 실로 묶고 버터를 충분히 발라 준 후 종이 호일로 감싸 준다.

05 90℃ 오븐에서 40분간 천천히 구워 준다.

06 호일을 벗긴 후 기름을 두른 팬에 겉면을 노릇하게 구워 준다.

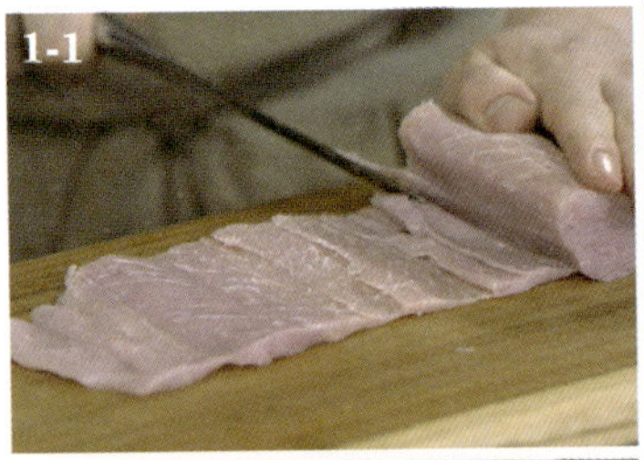
1-1

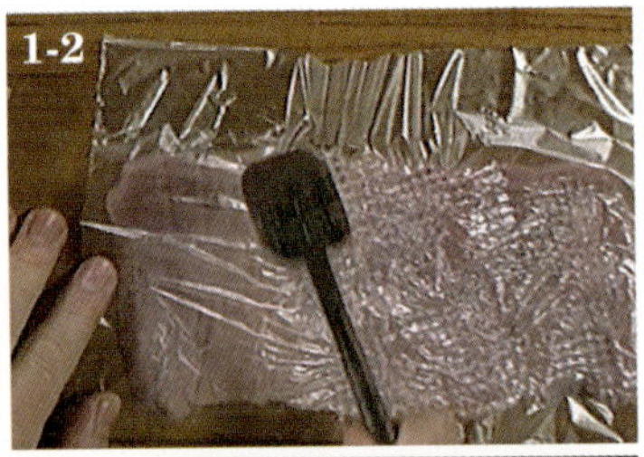
1-2

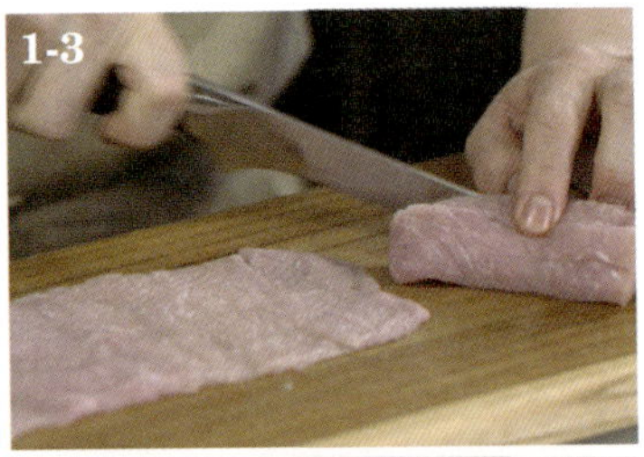
1-3

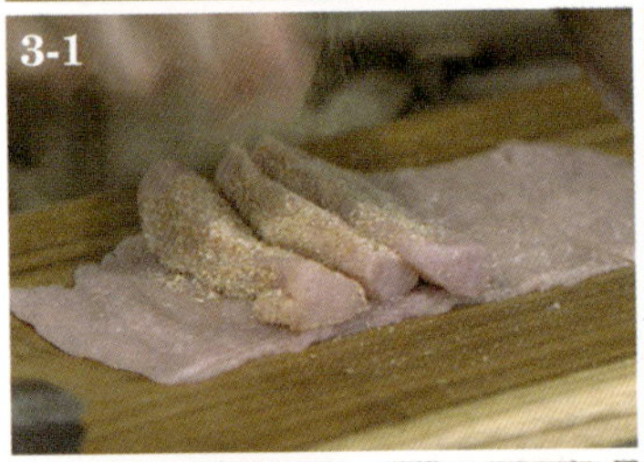
3-1

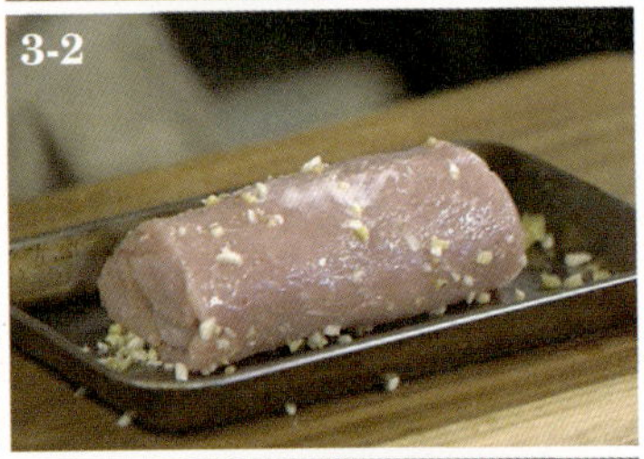
3-2

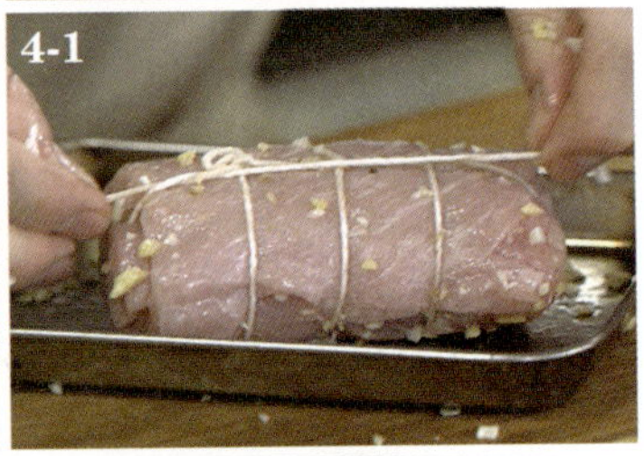
4-1

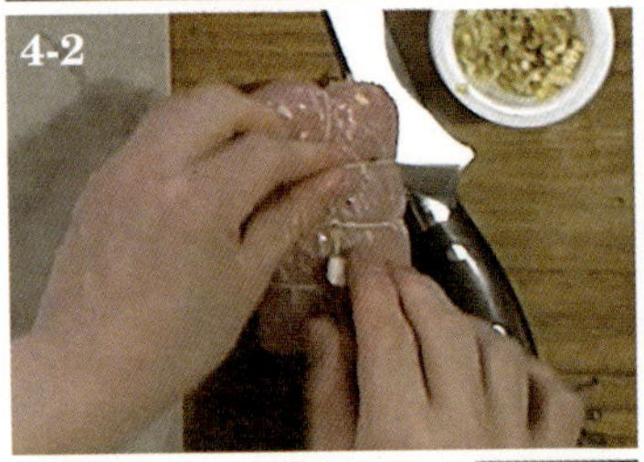
4-2

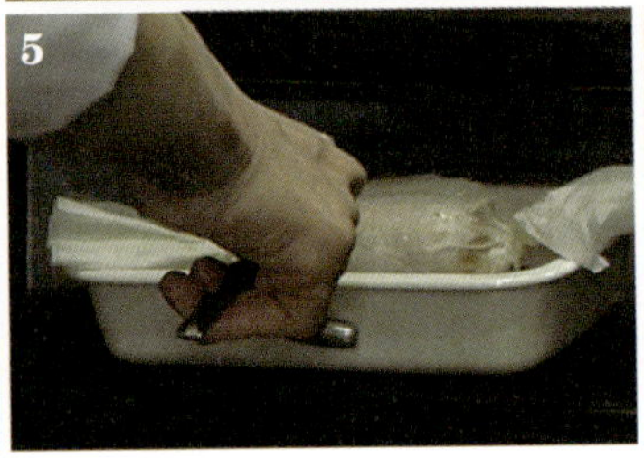
5

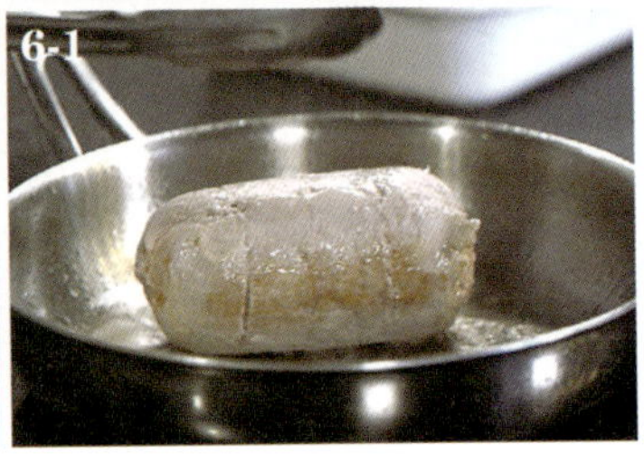
6-1

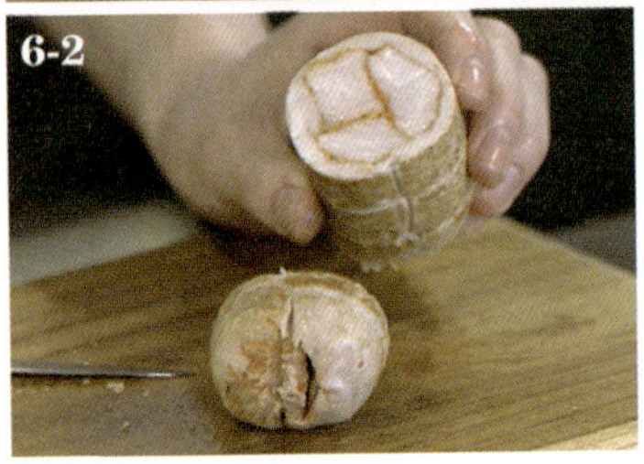
6-2

파래가루를 뿌린 브라운 버터로 맛을 낸 감자 매시

재료

- ☐ 감자 — 1ea
- ☐ 우유 — 500ml
- ☐ 버터 — 30g
- ☐ 생크림 — 15ml
- ☐ 그라나 파다노 치즈 — 10g
- ☐ 에멘탈 치즈 — 10g
- ☐ 로즈마리 — 1ea
- ☐ 파래가루 — 4g
- ☐ 소금 — some

만드는 방법

01 깨끗이 씻은 감자는 로즈마리와 함께 우유에 넣고 통째로 삶아 준다.
02 삶은 감자는 껍질을 벗기고 곱게 체에 내려 믹싱볼에 담아 준다.
03 버터를 냄비에 넣고 끓여 갈색 버터를 만들어 준다.
04 감자에 간을 하고 곱게 간 치즈를 넣어 준 후 갈색 버터를 천천히 부어 주며 버무려 준다.
05 생크림을 넣어 풍미를 더해 준다.
06 감자 매시를 접시에 담아준 후 파래가루를 뿌려 마무리해 준다.

뒥셀을 넣은 버섯 테린

재료

- ☐ 표고버섯 — 2ea
- ☐ 백만송이버섯 — 30g
- ☐ 양송이버섯 — 3ea
- ☐ 파슬리 — some
- ☐ 콩피용 마늘 — 1ea
- ☐ 버터 — 1ts
- ☐ 생크림 — 30ml
- ☐ 화이트 와인 — 15ml
- ☐ 다진 양파 — 10g
- ☐ 다진 마늘 — 10g
- ☐ 쥐 드 뵈프 — 100ml
- ☐ 한천가루 — 3g
- ☐ 파르마 햄 — 2ea
- ☐ 샐러드유 — 100ml

만드는 방법

01 버섯은 한입 크기로 손질 후 저민 마늘과 파슬리를 넣은 기름에 담근 후 80℃ 오븐에서 30분간 콩피해 준다.

02 콩피한 버섯은 기름을 제거하고 절반은 곱게 다져 다진 양파, 다진 마늘과 함께 버터에 볶아 화이트 와인을 넣어 향을 내고 크림을 넣고 끓여 뒥셀을 만들어 준다.

03 쥐 드 뵈프를 냄비에 넣고 끓여 준 후 한천을 천천히 넣어가며 농도를 맞추어 준 후 뒥셀과 콩피한 버섯을 넣어 준다.

04 테린 틀에 파르마 햄을 얹고 버섯을 넣은 쥐 드 뵈프를 넣어 준 후 150℃ 오븐에 10분간 조리해 준다.

05 차갑게 굳혀 준 후 성형하고, 나가기 전 65℃ 오븐에 10분 간 넣어 따뜻하게 데워 나간다.

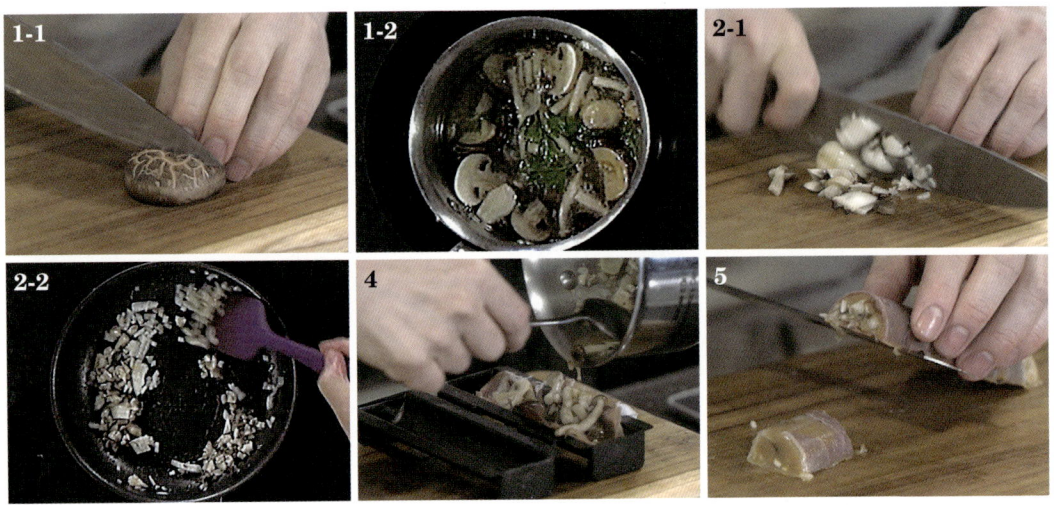

D 숯향을 낸 대파크림과 튀김

재료

- 대파 — 1줄기
- 우유 — 200ml
- 생크림 — 15ml
- 버터 — 1Ts
- 튀김유 — 500ml
- 밀가루 — some
- 숯 — some

만드는 방법

01 대파의 1/2은 숯에 천천히 태워 향을 낸다.
02 태운 대파는 슬라이스 해 준 후 버터에 볶아 우유를 넣고 끓여 준다.
03 크림을 넣고 곱게 갈아 체에 내려 준다.
04 나머지 대파는 길게 슬라이스 해 준 후 밀가루를 입혀 노릇하게 튀겨 준다.

Ⓔ 머스터드 소스

재료

- 씨겨자 머스터드   15g
- 쥐 드 뵈프   20ml
- 로즈마리   some

만드는 방법

01   쥐 드 뵈프와 로즈마리를 넣고 끓여 준 후 머스터드를 섞어 준다.

플레이팅 포인트

돼지 등심을 기준으로 시계 방향으로 가니쉬를 놓으면 접시의 밸런스 잡기가 편하다. 크기별로 다르지만 규칙적인 구성 요소들의 높낮이는 접시를 받는 손님 입장에서도 재미있는 요소 중의 하나이다.

서브

돼지 등심은 시어링 후 레스팅을 하고 서브 직전에 잘라 접시에 놓아 준다. 뒥셀을 넣은 버섯 테린은 한천으로 굳혀 주었기 때문에 65℃의 오븐에 데워 준 후 접시에 담아 주면 된다. 감자 매시는 만든 후에 나갈 양만큼 파이핑백에 보관하여 63℃ 수비드 물통에 담가 놓아 나가기 전에 접시에 짜주면 된다.

재료 보관 방법

돼지 등심은 끈으로 묶어 진공 후 1~2일 정도 냉장 보관 가능하다. 뒥셀을 넣은 버섯 테린은 전날 만들어 바로 사용해 주는 것을 추천한다. 감자 매시는 감자를 삶아 뜨거울 때 으깨어 놓고 냉장 보관하여 필요 양만큼 버터를 넣어 사용해도 된다.

어패류 조리와 소스의 응용

part —————— *fishes* —————— 02

1 **레몬 쿠르부용에 포칭 한 후 베사멜 소스에 글라사주 한 광어**
   with 브로콜리 프리터, 소스 베르, 바질 퓸

2 **튀긴 계절 야채를 곁들인 구운 관자**
   with 사과 쳐트니를 채운 글레이징 한 사과, 미나리 오일과 오렌지 사바용 소스

3 **챠콜로 향을 낸 랍스터와 사바용을 입힌 랍스터 볼**
   with 오마르 비스큐 소스, 양파 플랑, 갈색 양파 퓌레

4 **솔잎에 찐 후 버터에 데친 전복**
   with 전복 내장으로 향을 낸 버섯 콘소메, 쏫갓 오일, 와인에 절인 연어알과 무 제스트

5 **새우 테린과 사과 주스에 글레이징 한 새우**
   with 오렌지 마요네즈, 노른자 큐어, 아보카도 퓌레

6 **가지 캐비어를 곁들인 허브향의 홍합 스튜**
   with 빈 블랑 소스와 바질 오일

7 **애쉬로 향을 낸 연어 콩피**
   with 양파 렐리쉬, 레몬 와사비 크림, 캐러멜 한 사과, 달콤한 당근 퓌레, 파슬리 오일, 제노베제 소스

레몬 쿠르부용에 포칭 한 후 베샤멜 소스에 글라사주 한 광어

with 브로콜리니 프리터, 소스 베르, 바질 폼

○

After lemon court–bouillon poached, bechamel sauce glazed halibut,
broccolini fritter, green sauce, basil foam

| 주재료 * 광어 | 조리법 * 포칭 | 응용소스 * 소스 베르 푸르 푸아송 | |

쿠르부용은 활용도가 높다. 새우나 갑각류, 생선 같은 재료를 데쳐 향과 맛을 입히기에 최적이다. 생선은 구워 먹는 것이 최고라고 하지만 만약 구워야 할 여건이 안 된다면 쿠르부용에 포칭하는 방법을 추천한다. 생선 스톡에 허브를 추가한 소스 베르는 접시의 색감과 음식의 맛을 살려 준다. 2015년 홍콩 요리대회에 사용한 요리의 응용으로 금메달을 받았다.

- 광어 C
- B 베샤멜 소스
- F 소스 베르 푸르 푸아송
- 브로콜리니 프리터 D
- E 바질 폼

레몬 쿠르부용

재료

- [ ] 물　　　　　　　3L
- [ ] 양파　　　　　　150g
- [ ] 당근　　　　　　100g
- [ ] 마늘　　　　　　100g
- [ ] 셀러리　　　　　100g
- [ ] 화이트 와인 식초　80ml
- [ ] 월계수잎　　　　2ea
- [ ] 통후추　　　　　some
- [ ] 소금　　　　　　1ts
- [ ] 레몬　　　　　　1/2ea

만드는 방법

01 양파, 당근, 마늘, 셀러리는 미디엄 다이스 크기로 손질해 준다.

02 물에 야채와 월계수잎, 통후추, 소금을 넣고 끓여 준다.

03 끓기 시작하면 화이트 와인 식초와 레몬을 넣고 불을 꺼 준다.

ⓑ 베샤멜 소스

재료

- 밀가루 — 100g
- 버터 — 120g
- 우유 — 1L
- 화이트 초콜릿 — 15g
- 건바질 — 5g
- 소금 — 1/2ts
- 월계수잎 — 1ea
- 정향 — some

만드는 방법

01 냄비에 우유를 넣고 건바질, 소금, 월계수잎, 정향을 넣어 끓여 체에 내려 준다.

02 냄비에 버터를 둘러 준 후 체에 친 밀가루를 넣어 천천히 볶아 화이트 루를 만들어 준다.

03 루에 우유를 5번 정도 나누어 가며 천천히 섞어 버무려 베샤멜 소스를 만들어 준다.

04 화이트 초콜릿을 넣어 풍미를 더해 주고 체에 내려 준다.

광어

재료

- 광어 필렛 150g
- 소금 some
- 엑스트라 버진 올리브유 50ml
- 딜 some
- 바질 some
- 피칸 2ea
- 차이브 some
- 완성된 레몬 쿠르부용 1L
- 완성된 베샤멜 소스 100ml

만드는 방법

01 광어는 손질 후 소금 간을 해 준 뒤 은근하게 끓인 레몬 쿠르부용에 5분간 포칭한다.

02 포칭한 광어를 꺼내 준 후 다진 딜, 바질을 섞은 올리브유에 버무려 준다.

03 베샤멜 소스를 끼얹어 준 후 삶은 피칸과 다이스 한 차이브를 곁들여 준다.

브로콜리니 프리터

재료

- [ ] 브로콜리니   50~60g
- [ ] 중력분   50g
- [ ] 찬물   100ml
- [ ] 소금   some
- [ ] 메이플 시럽   10ml
- [ ] 꽃가루   some
- [ ] 건큐민   some

만드는 방법

01   브로콜리니는 손질 후 소금에 절여 간을 해 준다.

02   수분을 빼고 밀가루를 묻혀 물과 밀가루를 섞은 튀김옷을 입혀 노릇하게 튀겨 준다.

03   메이플 시럽에 버무려 준 후 큐민과 꽃가루를 뿌려 마무리한다.

E — 바질 폼

재료
- 바질　　　　2g
- 우유　　　　500ml
- 소금　　　　some
- 레시틴　　　1~2g

만드는 방법
01　우유에 바질과 소금을 넣고 끓여 준 후 체에 내려 준다.
02　뜨거울 때 레시틴을 넣고 섞어 준 후 휘핑기로 거품을 내고 따뜻할 때에 접시에 담아 준다.

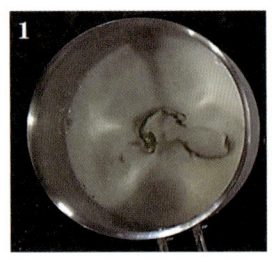   

F — 소스 베르 푸르 푸아송

재료
- 퓌메 드 푸아송　　100ml
- 파슬리　　　　　　10g
- 크레숑　　　　　　10g
- 바질　　　　　　　5g
- 마늘　　　　　　　1ea
- 버터　　　　　　　50g

만드는 방법
01　퓌메 드 푸아송은 천천히 끓여 데워 준다.
02　파슬리, 바질, 크레숑, 다진 마늘, 버터를 데운 퓌메 드 푸아송과 함께 곱게 갈아 준다.
03　고운체에 걸러 준 후 식혀 보관해 준다.

플레이팅 포인트

V자 형태의 플레이팅으로 접시의 모양을 활용한 다소 난도 높은 방식으로 재료들의 높낮이를 주되 끝 부분이 이어져 있는 느낌이 나야 접시가 불안해 보이지 않는다. 흰색과 녹색 2가지 색으로만 음식을 표현하였다.

서브

생선 요리는 미리 만들어 놓기가 어렵기 때문에 서브 순서에 맞춰 즉석에서 조리를 해 주는 것이 좋다. 브로콜리니 프리터 또한 직전에 튀겨 주는 것을 추천한다. 소스는 뜨겁게 보다는 따뜻하게 해 주어야 색과 풍미를 보존할 수 있다.

재료 보관 방법

광어 필렛은 진공 후 2일 정도 0~2℃ 냉장 숙성해 주면 훨씬 더 부드러운 맛을 느낄 수 있다. 숙성한 생선은 수분을 잘 제거한 후 랩으로 감싸 냉장 보관해 주고 나가기 전에 조리해 주면 된다. 브로콜리니는 손질 후 냉장 보관해 준다. 소스는 퓌메 드 푸아송 상태로 소분 냉동 보관 후 그날 필요한 양만큼 꺼내 해동 후 허브를 갈아 소스 베르 푸르 푸아송으로 만들어 주면 된다.

튀긴 계절 야채를 곁들인 구운 관자

with 사과 쳐트니를 채운 글레이징 한 사과, 미나리 오일과 오렌지 사바용 소스

○

Fried seasonal vegetables with seared scallops,
glazed apple, water parsley oil, orange sabayon sauce

| 주재료 * 관자 | 조리법 * 시어링 | 응용소스 * 소스 사바용 | 1인분 |

야채들은 수분을 충분히 빼 주어야 바삭하게 튀겨 줄 수 있다. 갈색 버터로 끼얹는 듯이 익히는 조리방법을 뵈르 누아젯트라고 하며 버터 풍미가 온 주방에 퍼진다. 버터가 갈색으로 변하기 전부터 아로제베이스트를 해 주며 완성 직전에 갈색 버터로 만드는 것을 추천한다. 온도가 높지 않아도 익는 해산물 요리에 적합하다. 사바용 소스에 오렌지주스를 곁들여 부드럽게 퍼지는 끝 맛에 오렌지 풍미를 더 했다.

A 튀긴 계절 야채
E 오렌지 사바용
D 미나리 오일
B 버터에 구운 관자
C 사과 쳐트니를 채운 사과

튀긴 계절 야채

재료

- 배추 30g
- 대파 15g
- 당근 15g
- 브로콜리 30g
- 콜리플라워 30g
- 옥수수 수염 5g
- 튀김유 1L
- 소금 some
- 레몬 제스트 some
- 밀가루 some

만드는 방법

01 건조한 야채들은 소금과 밀가루를 뿌려 준 후 기름에 노릇하게 튀겨 준다.

02 레몬 제스트를 뿌려 향을 내 준다.

ⓑ 버터에 구운 관자

재료

- ☐ 관자　　　　　　2ea
- ☐ 버터　　　　　　1Ts
- ☐ 퓨어 올리브유　　30ml
- ☐ 샬롯　　　　　　1ea
- ☐ 바질　　　　　　some

만드는 방법

01　관자는 수분을 충분히 빼 준 후 버터를 두른 팬에 구워 준다.
02　버터가 갈색이 되면 오일을 넣어 발연점을 높여 준 후 뵈르 누아젯트 해 준다.
03　샬롯과 바질을 넣어 향을 내 준다.
04　체에 올려 데글라세* 해 준다.

*고기나 해산물을 기름에 구워 준 후 체에 밭쳐 기름을 빼 주는 과정이다.

사과 쳐트니*를 채운 사과

재료

- [ ] 쳐트니용 사과 — 100g
- [ ] 민트 — 1g
- [ ] 화이트 와인 — 50ml
- [ ] 설탕 — 1ts
- [ ] 레몬즙 — 10ml
- [ ] 버터 — 1ts
- [ ] 물 — 300ml
- [ ] 빠리지엔용 사과 — 50g
- [ ] 사과주스 — 100ml
- [ ] 글레이징용 꿀 — 50g
- [ ] 글레이징용 버터 — 50g

만드는 방법

01 사과는 브루노아즈 크기로 다져 준 후 버터를 두른 냄비에 천천히 볶아 준다.
02 설탕을 넣고 설탕이 녹으면 화이트 와인을 넣어 와인을 자작하게 졸여 준다.
03 물을 넣고 끓여 걸쭉한 농도로 맞추어 준 후 다진 민트와 레몬즙을 넣어 풍미를 더해 준다.
04 사과는 빠리지엔 나이프로 파준 후 사과주스에 담가 갈변을 막고 맛을 내 준다.
05 사과가 담긴 사과주스를 팬으로 옮기고 버터와 꿀을 넣고 살짝 끓여 글레이징 해 준다.
06 사과 쳐트니를 빠리지엔 사과에 채워 준비한다.

*사과와 같은 과일을 곱게 다져 설탕, 허브, 레몬 등을 넣고 끓여 졸인 소스

미나리 오일

재료

- 미나리　　　100g
- 시금치　　　30g
- 샐러드유　　200ml
- 설탕　　　　1ts
- 소금　　　　some
- 라임즙　　　10ml

만드는 방법

01 미나리와 시금치는 깨끗이 손질해 준다.
02 오일과 함께 곱게 갈아 준 후 체에 내려 준다.
03 설탕, 소금, 라임즙을 넣어 맛을 내 준다.

E — 오렌지 사바용

재료

- [ ] 달걀노른자 — 2ea
- [ ] 화이트 와인 — 150ml
- [ ] 파슬리 줄기 — some
- [ ] 양파 — 10g
- [ ] 레몬즙 — some
- [ ] 소금 — some
- [ ] 오렌지주스 — 50ml

만드는 방법

01 화이트 와인에 파슬리 줄기, 다진 양파, 소금을 넣고 끓여 화이트 와인 리덕션을 만들어 준다.

02 화이트 와인 리덕션 중 반을 오렌지주스로 채워 준 후 끓인다. 반으로 줄으면 체에 걸러 식혀 준다.

03 차갑게 식은 화이트 와인 리덕션을 믹싱볼에 넣어 준 후 노른자를 넣어 준다.

04 넓은 냄비에 물을 끓이고 믹싱볼을 올려 중탕으로 휘핑을 해 준다.

05 빠르게 8자로 휘핑을 해 주며 거품이 일게끔 만들고 그 부피감을 유지하며 노른자를 익힌다.

06 레몬즙을 뿌려 풍미를 더하고 접시에 담아 중심을 잡아 준다.

플레이팅 포인트

접시의 특성을 살린 플레이팅으로 여백의 미를 주어 재미 요소를 더해 주었다. 관자와 가니쉬로 마치 선을 긋듯 접시를 양분하여 한쪽에 색이 강한 소스나 퓌레를 더해 포인트를 준다. 사바용 소스를 놓는 영역까지 계산하여 밸런스를 잡아 주는 것이 좋다.

서브

관자는 수분을 제거 후 나가기 직전에 구워 접시에 담아준다. 사바용 소스를 담고 관자와 가니쉬를 올려 준 후 마지막으로 미나리 오일을 뿌려 마무리해 준다. 빠리지엔 한 사과는 쳐트니를 얹어 준 후 워머기에 넣어 보관해 주면 된다. 단, 마르지 않게 올리브유같은 걸 발라 주는 것을 추천한다.

재료 보관 방법

관자는 수분을 제거 후 깨끗한 면보나 키친타월로 감싸 냉장 보관해 준다. 2일 안에 사용해 주는 것이 좋다. 사과 쳐트니는 미리 만들어 놓아 냉장으로 일주일 이상 보관 가능하다. 사바용 소스는 그날그날 사용할 양을 만들어 놓고 나가기 전에 휘퍼로 한 번 더 저어 접시에 담아 주면 된다.

챠콜로 향을 낸 랍스터와 사바용을 입힌 랍스터 볼
with 오마르 비스큐 소스, 양파 플랑, 갈색 양파 퓌레

○

Charcoal flavor lobster, sabayon glazed lobster ball, homard bisque sauce, onion flan, brown onion puree

| 주재료 * 랍스터 | 조리법 * 쿠르부용 | 응용소스 * 소스 오마르 | **2인분** |

복합적인 풍미를 가지고 있는 챠콜^숯 조리법은 단연 요리의 꽃이라고 불릴만하다. 단점은 챠콜 향이 강하면 다른 가니쉬 맛도 저해될 수 있다는 것으로 적당한 향이 좋다. 랍스터는 대표적인 고급 식자재 중의 하나이다. 크기에 따라 다르지만 600g을 기준으로 집게발은 5분 정도, 테일은 3분 정도 데쳐 찬물에 식혀 꺼내면 중심 부분을 촉촉하게 보존할 수 있다. 아메리칸 소스라고 부르는 게 더 익숙한 비스큐 소스에 랍스터 육수^{퐁 드 오마르}를 더해 풍미를 더했다.

A 랍스터
D 오마르 비스큐 소스
C 사바용
B 랍스터 볼
F 양파 플랑
E 양파 퓌레

랍스터

재료

- 랍스터 테일   1ea(120g)
- 버터   1Ts
- 오렌지 제스트   1g
- 오렌지 과육   15g
- 딜   some

만드는 방법

01 랍스터는 꼬치로 고정 후 끓는 물에 2분간 데쳐 껍질을 벗겨 준다.
02 프라이팬에 오렌지 제스트, 다진 딜과 오렌지 과육을 넣고 버터를 녹여 준다.
03 껍질을 벗긴 랍스터를 넣고 오렌지 버터를 끼얹어 주며 천천히 5분가량 익혀 준다.
04 챠콜 그릴에 랍스터를 올리고 랍스터를 익혀 준 오렌지 버터를 발라 주며 숯 향을 내 준다.

B — 랍스터 볼

재료

- □ 랍스터 살(볼 크기는 30g) 100g
- □ 생크림 15ml
- □ 흰자 머랭 some
- □ 생강물* 20ml

*으깬 생강을 담가 향을 낸 물

만드는 방법

01 랍스터 살은 생강물에 10분간 마리네이드 하고 물기를 제거해 준다.
02 생크림을 넣고 곱게 갈아 체에 내려 준 후 흰자 머랭과 섞어 준다.
03 랩으로 말아 구를 만들어 주고 50℃ 수비드에 30분간 익혀 준다.

C — 사바용

재료

- □ 달걀노른자 1ea
- □ 화이트 와인 50ml
- □ 오렌지주스 50ml
- □ 양파 촙 10g
- □ 소금 some
- □ 파슬리 1줄기
- □ 꽃가루 some
- □ 차이브 some

만드는 방법

01 화이트 와인과 오렌지주스, 양파 촙, 소금, 파슬리를 넣고 주스를 반으로 졸여 준다.
02 주스를 체에 걸러 믹싱볼에 옮겨 식혀 준 후 노른자를 넣고 80℃ 중탕물에서 휘핑을 하며 소스를 만들어 준다.
03 랍스터 볼에 소스를 입혀 준 후 다진 허브와 꽃가루를 뿌려 준다.

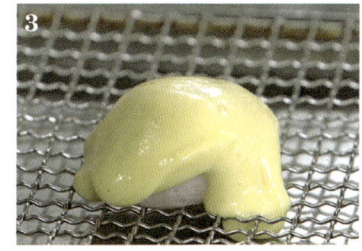

오마르 비스큐 소스

재료

- 퐁 드 오마르 500ml
- 꽃게 500g
- 양파 100g
- 당근 50g
- 마늘 10g
- 토마토 페이스트 50g
- 화이트 와인 100ml
- 샐러드유 50ml
- 월계수잎 1ea
- 물 3L

만드는 방법

01 미르포아는 얇게 채 썰어 준비한다.
02 꽃게는 깨끗이 세척 후 큰 냄비에서 기름에 꾸덕해 지게 볶아 준다.
03 채 썰어 준 미르포아를 함께 볶아 주고 토마토 페이스트를 넣어 볶아 향을 내 준다.
04 화이트 와인과 월계수잎을 넣고 와인이 다 졸면 물을 넣고 반이 될 때까지 천천히 끓여준다.
05 위 소스들 자체를 갈고 고운 면보에 내려 준 후 게 육수와 퐁 드 오마르를 넣어 다시 1/3으로 졸여 준 후 접시에 담아 준다.

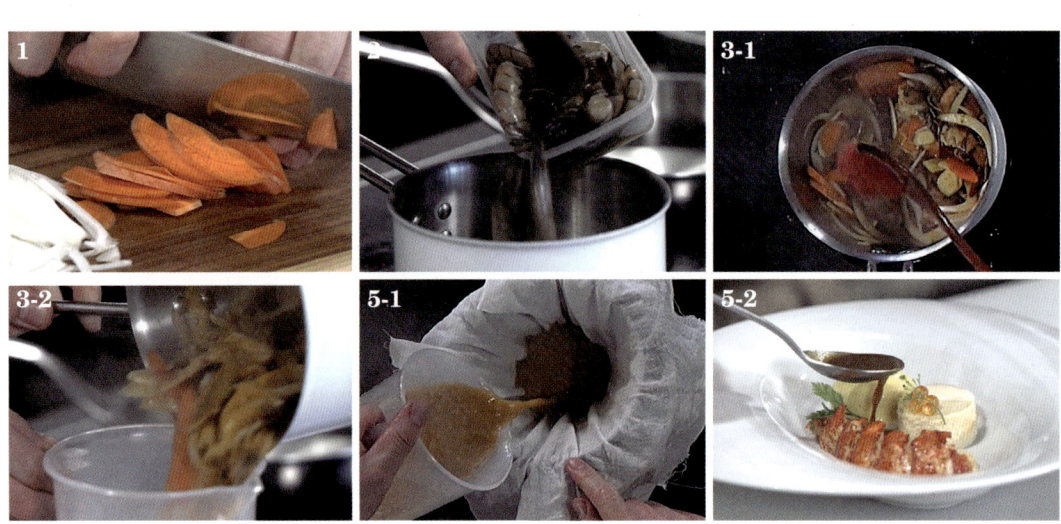

양파 퓌레

재료

- 양파   1ea(200g)
- 버터   1ts
- 우유   300ml
- 생크림   15ml
- 소금   1/2ts

만드는 방법

01   양파를 곱게 채 썬 후 버터에 갈색이 되게끔 충분히 볶아 준다.

02   소금을 넣어 준 후 우유를 넣고 약한불에 뭉글히 끓여 준 후 우유가 자작해지면 생크림을 넣고 곱게 갈아 준다.

양파 플랑

재료

- ☐ 양파 퓌레 50g
- ☐ 달걀 1개
- ☐ 정제 버터 30ml
- ☐ 생크림 15ml
- ☐ 우유 15ml
- ☐ 샐러드유 또는 녹인 버터 some

만드는 방법

01 달걀은 흰자와 노른자를 섞어 체에 내려 준다.
02 틀에는 여분의 샐러드유 또는 녹인 버터로 코팅을 해 놓는다.
03 퓌레, 정제 버터, 생크림, 우유를 넣고 섞어 준 후 틀에 넣고 150℃ 오븐에 중탕으로 30분가량 익혀 준다.

플레이팅 포인트

3가지 컬러로 표현한 요리이다. 접시의 특성을 살려 비스큐 소스를 전체적으로 뿌려 동떨어진 랍스터 메인을 가니쉬와 연결한 듯한 느낌을 준다. 접시 가장자리에 요리들을 배치하여 재료들의 특성을 최대한 표현한 플레이팅이다.

서브

랍스터는 글레이징까지 준비해 준 후 코스 순서에 맞게 나가기 전에 챠콜 향을 내주는 것이 좋다. 랍스터 볼은 수비드머신에 담가 보관해 준 후 접시에 담기 전 훌렌다이즈 소스에 글라사주 해 준다. 플랑은 미리 만들어 두어 워머기에 보관 후 접시에 담아 준다.

재료 보관 방법

랍스터는 껍질을 벗겨 준 후 진공해 냉장 보관해 준다. 되도록 1~2일 정도 안에 사용해 주는 것을 추천한다. 플랑은 그날그날 나갈 양을 만들어 준비한다. 랍스터 볼은 무스를 만들어 놓아 진공 후 냉장 보관한다. 3일 정도는 보관해도 크게 문제가 없다.

솔잎에 찐 후 버터에 데친 전복

with 전복 내장으로 향을 낸 버섯 콩소메, 쑥갓 오일, 와인에 절인 연어알과 무 제스트

○

After pine needles steamed butter poached abalone,
abalone intestines flavor mushroom consomme,
white wine marinated salmon roe, radish zest

| **주재료** * 전복 | **조리법** * 버터 포치드 | **응용소스** * 콘소메 | **2인분** |

활전복은 회로 먹어도 비린맛이 없을 정도로 깨끗한 맛이 나는 재료이다. 익히는 시간에 따라 다양한 식감을 낼 수 있으며 내장에서는 향긋한 바다 내음이 난다. 내장이 뭉게지지 않을 온도로 수비드를 해 육즙만 빼고 그 육즙으로 버섯과 함께 맑은 스프를 만들어 보았다. 표고버섯의 강렬한 산의 향이 전복 내장의 바다 향과 섞여 깊은 맛을 낸다. 쑥갓 오일의 독특한 맛은 스프의 감초 역할을 한다.

가니쉬 D
A 전복
쑥갓 오일 C
B 표고버섯 콘소메

전복

재료

- 전복 2ea
- 솔잎 some
- 화이트 와인 150ml
- 물 200ml
- 마늘 2ea
- 생강 some
- 버터 1Ts

만드는 방법

01 전복은 깨끗이 손질 후 껍질을 벗기고 내장과 입을 분리해 준다.
02 찜솥에 물과 화이트 와인, 마늘, 생강을 넣고 끓여 준다.
03 찜솥에 솔잎을 넣어 준 후 그 위에 전복을 넣고 5분간 쪄 준다.
04 찐 전복은 버터를 두른 팬에 앞뒤로 1분씩 구워 준 후 반으로 잘라 접시에 담아 준다.

표고버섯 콘소메

재료

- 표고버섯 — 5ea
- 전복 내장 — 2개 분량
- 베이컨 — 1줄
- 간장 — 30ml
- 마늘 — 3ea
- 물 — 500ml
- 미림 — 10ml
- 버터 — 10g
- 소금 — some

만드는 방법

01. 전복 내장은 베이컨, 간장, 마늘, 물, 미림에 5분간 끓여 준 후 맑은 육수만 깨끗하게 걸러 준다.
02. 손질한 표고버섯에 소금을 뿌려 5분간 절여 준 전복 내장 육수에 넣고 75℃ 온도에 30분간 수비드 해 준다.
03. 국물은 체에 걸러 준 후 반으로 졸여 준다.
04. 표고버섯은 꺼내 반으로 잘라 버터에 구워 주고 콘소메는 전복과 버섯을 넣은 접시 마지막에 부어 준다.

C — 쑥갓 오일

재료
- ☐ 쑥갓　　　　　　　50g
- ☐ 바질　　　　　　　2g
- ☐ 퓨어 올리브유　　 200ml
- ☐ 설탕　　　　　　　10g
- ☐ 레몬즙　　　　　　15ml

만드는 방법

01　쑥갓은 깨끗이 손질 후 다져 바질과 함께 오일에 곱게 갈아 체에 내려 준다.

02　설탕과 레몬즙을 더해 맛과 향을 더해 준다.

D — 가니쉬

재료
- ☐ 연어알　　　　　　　10g
- ☐ 무　　　　　　　　　50g
- ☐ 레몬 제스트　　　　1/2ea
- ☐ 화이트 와인　　　　10ml
- ☐ 엑스트라 버진 올리브유　　some
- ☐ 딜　　　　　　　　　some
- ☐ 바질　　　　　　　　some

만드는 방법

01　연어알은 와인에 담가 향을 내 준 후 오일에 버무려 준다.

02　무는 제스터에 갈아 준 후 레몬 제스트를 섞어 맛을 내 준다.

03　무를 슬라이스 한 후 몰드로 찍어 함께 곁들여 준다.

04　딜과 바질을 올려 마무리해 준다.

플레이팅 포인트

콘소메 같은 국물이 있는 요리는 움푹한 스프 볼을 사용하되 접시 서빙 시 주재료가 흔들리지 않게 너무 넓은 접시보다는 재료 크기에 맞는 접시를 사용해 주는 것이 좋다. 국물요리 특성상 먹다가 섞이는 것을 감안하여 재료들의 배치를 일률적으로 놓아 접시의 특징을 보여 주는 것을 추천한다.

서브

콘소메는 중탕기에 넣어 온도를 유지해 준다. 계속 끓이거나 급하게 끓이게 되면 염도가 달라지거나 향이 날아갈 수 있기 때문에 주의해 준다. 전복을 나가기 전에 구워 주는 것을 추천하며 미리 쪄 준 후 워머기에 넣고 나가기 전에 구워 주어도 좋다.

재료 보관 방법

콘소메는 끓여 준 후 급랭하고 필요한 양만 해동하여 사용해 주어도 된다. 냉동 후에 2주간은 문제없이 사용할 수 있다. 전복은 하루 전날 또는 당일 소진을 추천하며 쑥갓 오일은 오래 놔두면 향이 날아가기 때문에 3일 정도만 냉장 보관하는 것이 좋다.

새우 테린과 사과주스에 글레이징 한 새우
with 오렌지 마요네즈, 노른자 큐어, 아보카도 퓌레

○

Shrimp terrine and apple jus glazed shrimp,
orange mayonnaise, cured egg yolk, avocado puree

| **주재료** * 홍새우 | **조리법** * 테린 | **응용소스** * 소스 마요네즈 | **2인분** |

질 그릇 용기에 담아 찌거나 중탕한 요리를 테린이라고 한다. 들어가는 재료들을 포스미트라고 칭하는데 내용물 자체만 조리한 것들도 테린이라 표현하기도 한다. 새우는 곱게 갈은 무스만으로도 일정 온도를 가하면 단백질이 변성하며 응고되기 시작한다. 크림을 넣어 부드럽게 만들고 흰자 머랭을 넣어 입안에 폭신한 식감과 흰자의 응고되는 성질을 이용하여 모양을 유지한다. 관자, 오징어, 생선살 등 다양한 재료로도 응용 가능하다.

A 새우 테린
B 글레이징 한 새우
E 아보카도 퓌레
D 노른자 큐어
C 오렌지 마요네즈
F 가니쉬

A 새우 테린

재료

- ☐ 흰다리 새우 10ea(300g)
- ☐ 생크림 15ml
- ☐ 달걀흰자 20ml
- ☐ 소금 some
- ☐ 딜 some
- ☐ 레몬 제스트 some
- ☐ 설탕 some

만드는 방법

01 새우는 다이스로 썰어 준 후 소금, 설탕, 생크림을 넣고 곱게 갈아 체에 내려 준다.

02 달걀흰자를 휘핑해 머랭을 만들어 준다.

03 차가운 상태에서 새우살 무스와 머랭을 섞고 다진 딜과 레몬 제스트를 더해 준다.

04 무스는 랩으로 감싸 준 후 50℃ 온도에서 20분간 스팀 또는 수비드 해 준다.

1-1

1-2

1-3

3-1

3-2

3-3

3-4

4-1

4-2

4-3

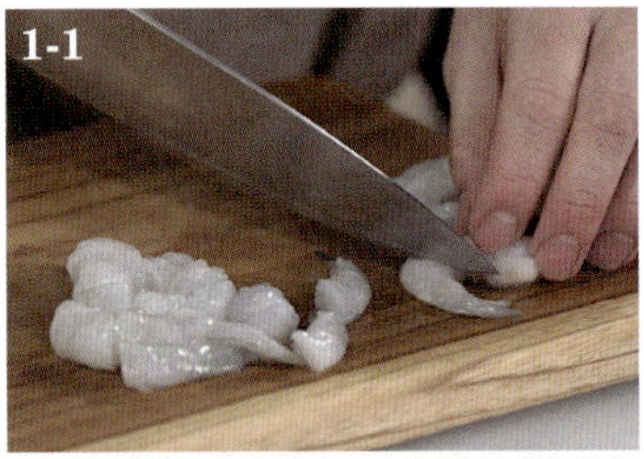

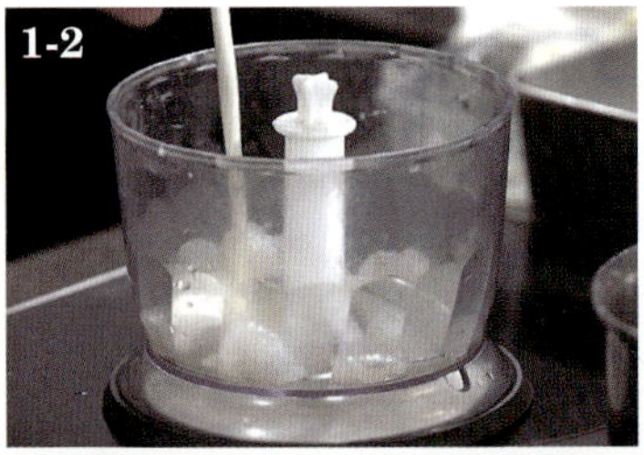

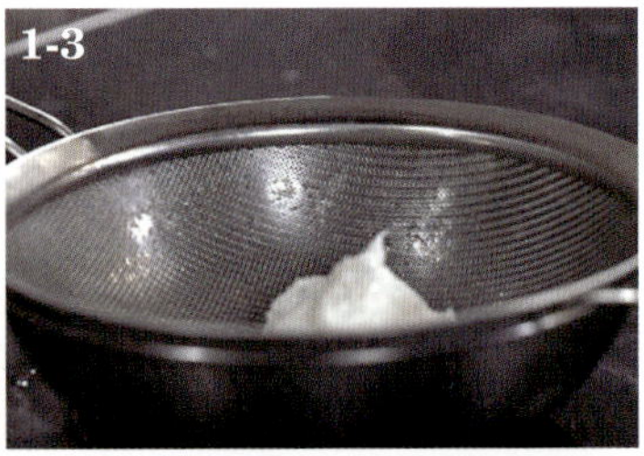

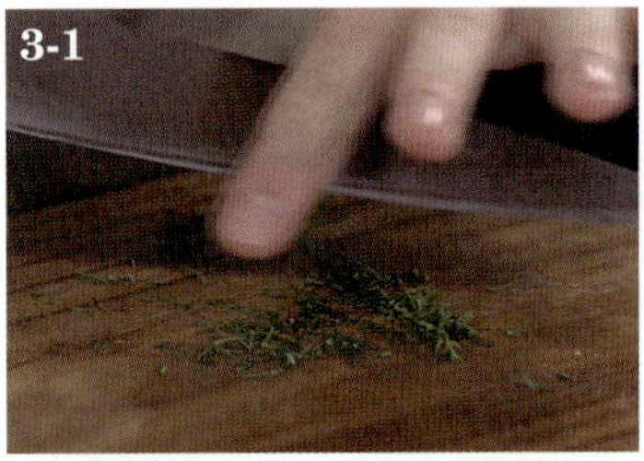

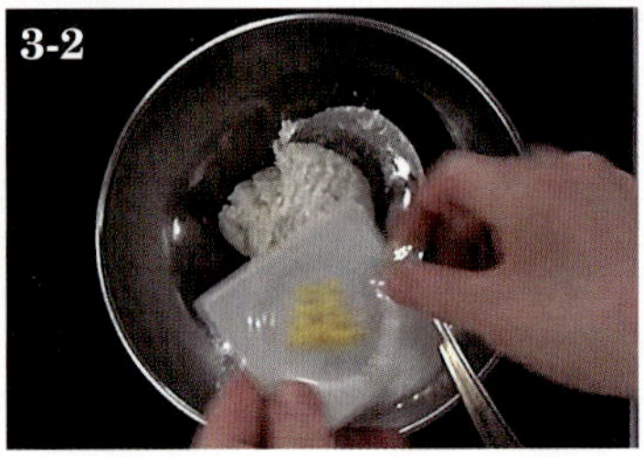

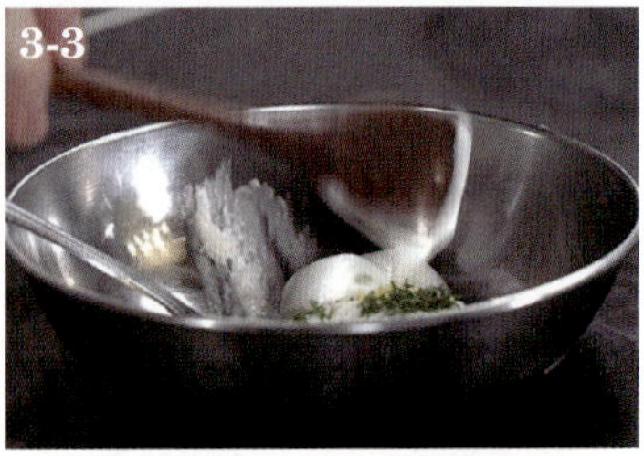

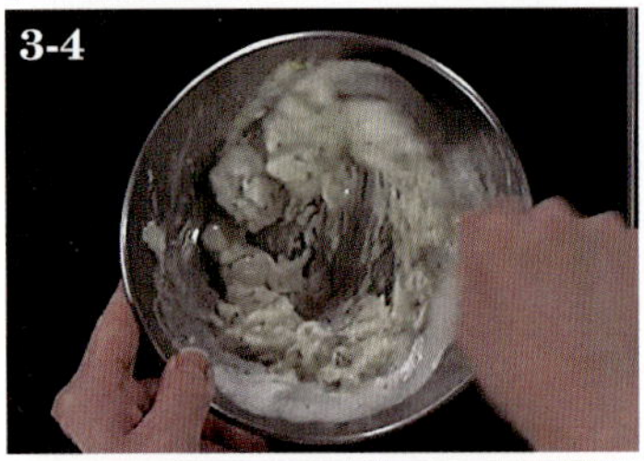

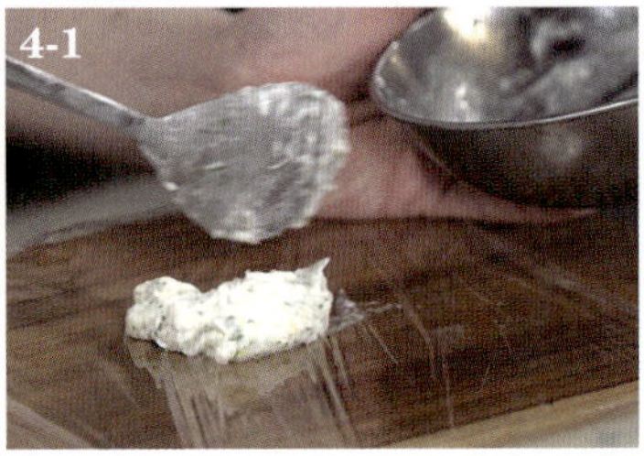

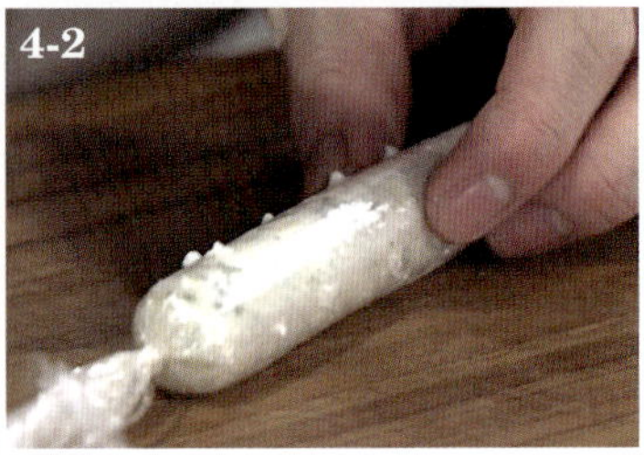

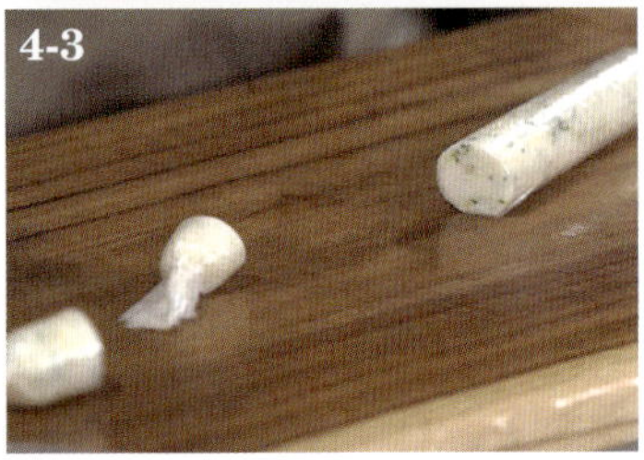

B 글레이징 한 새우

재료

- 탈각 홍새우   1ea
- 설탕   1ts
- 버터   1ts
- 사과주스   15ml
- 화이트 와인   10ml

만드는 방법

01. 새우는 꼬치로 고정 후 10초간 데쳐 준다.
02. 설탕, 버터, 사과주스, 화이트 와인을 졸여 사과주스 리덕션을 만들어 준다.
03. 데친 새우를 사과주스 리덕션에 넣고 버무리듯이 살짝 열을 가해 익혀 준다.

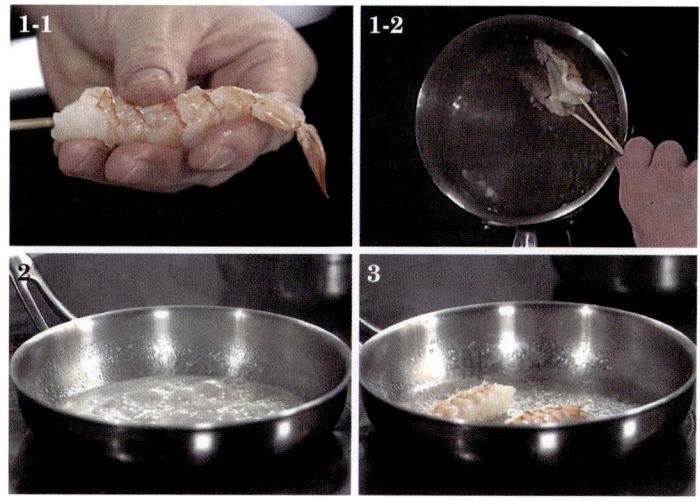

오렌지 마요네즈

재료

- 오렌지주스 20ml
- 레몬즙 10ml
- 달걀노른자 1ea
- 퓨어 올리브유 150ml
- 설탕 some
- 소금 some
- 오렌지 제스트 some

만드는 방법

01 노른자에 설탕과 소금을 넣어 준 후 오일을 넣어가며 휘핑을 해 주며 에멀전을 해 준다.

02 농도를 되직하게 만들어 준 후 오렌지주스를 더하고 레몬즙과 오렌지 제스트를 추가해 넣어 맛과 향을 내 준다.

노른자 큐어

재료

- 달걀노른자   1ea
- 설탕   1/2Ts
- 소금   1Ts
- 다진 파슬리   2g
- 다진 바질   2g
- 퓨어 올리브유   300ml

만드는 방법

01 소금, 설탕, 허브들을 섞어 준 후 노른자의 위 아래로 덮어 준다.

02 1시간가량 절여 준 후 흐르는 물에 씻고 서늘한 곳에서 3시간가량 말려 준다.

03 올리브유에 담가 보관 후 접시에 담아 준다.

E — 아보카도 퓌레

재료
- 아보카도　　1ea(100g)
- 우유　　500ml
- 생크림　　15ml
- 소금　　some
- 버터　　1Ts

만드는 방법

01　반숙의 아보카도는 얇게 슬라이스 해 준다.
02　냄비에 버터를 넣어 아보카도를 살짝 볶아 준 후 소금 간을 하고 우유를 넣고 아보카도가 으깨질 때까지 은은하게 끓여 준다.
03　크림을 넣어 곱게 갈아 준 후 체에 내려 준다.

F — 가니쉬

재료
- 말린 백화꽃　　some
- 파슬리 레몬 오일　　10ml
- 식용꽃　　some

만드는 방법

01　새우 테린에 식용꽃을 올려 준 후 파슬리 레몬 오일을 뿌려 준다.
02　말린 백화꽃을 뿌려 마무리해 준다.

플레이팅 포인트

에피타이저로서 다양한 색감을 활용할 수 있는 플레이팅으로 새우 테린을 중심으로 글레이징 한 새우를 연결시켜 주고 노른자 큐어와 퓌레, 마요네즈로 빈 공간을 메꿔 준다. 말린꽃과 식용꽃은 접시에 전반적인 분위기를 좌우하나 너무 많이 뿌리지 말고 임펙트 있게 사용해 주는 것이 좋다.

서브

새우 테린은 냉장 보관 후 그날 사용할 양을 컷팅 후 사용해 주어도 된다. 노른자 큐어는 올리브유에 담가 놓고 보관 후 사용할 때마다 한 개씩 꺼내 기름을 제거 후 접시에 놓으면 된다. 글레이징 한 새우는 글레이징 한 후 접시에 담기 전 굳은 버터만 제거하여 담아 준다.

재료 보관 방법

새우 테린은 만든 다음 진공 후 냉장 보관으로 3일까지는 문제없이 사용할 수 있다. 노른자 큐어는 올리브유에 담가 냉장 보관으로 1주일 정도는 사용할 수 있다. 냉장 환경에 따라 그보다 더 오래 보관 가능하기도 하다.

가지 캐비어를 곁들인 허브향의 홍합 스튜
with 빈 블랑 소스와 바질 오일

○

Eggplant caviar with herb flavor mussel stew,
vin blanc sauce, basil oil

| 주재료 * 홍합 | 조리법 * 스튜 | 응용소스 * 소스 빈 블랑 | **2인분** |

가지를 구워 속을 긁어 내 다진 모습이 마치 캐비어 생선알 같다고 하여 가지 캐비어라고 한다. 가지 캐비어는 스테이크에 곁들이거나 샌드위치에 넣어 먹어도 풍미가 좋다. 홍합은 육수를 내리는 용도가 아닌지라 일정 온도만 가해 부드러운 맛을 유지해 준다. 생선 육수 퓌메 드 푸아송로 만든 빈 블랑은 특유의 감칠맛으로 홍합의 맛을 더 해 준다.

C 홍합 스튜
E 바질 오일
D 빈 블랑 소스
가니쉬 F
A 가지 캐비어

가지 캐비어

재료

- 가지   1ea(150g)
- 큐민   5g
- 터머릭   2g
- 건타라건   2g
- 머스터드 씨드   2g
- 건타임   2g
- 정제 버터   100ml
- 소금   1/2ts

만드는 방법

01 가지는 길게 반으로 잘라 준 후 격자로 칼집을 내 준다.

02 소금 간을 해 준 후 정제 버터를 발라 준다.

03 큐민, 터머릭, 건타라건, 머스터드 씨드, 건타임은 절구 공이로 찍어 곱게 갈아 준다.

04 가지 위에 체에 쳐 뿌려 준 후 150℃ 오븐에 30분간 조리해 준다.

05 뜨거울 때 껍질과 속을 스푼으로 분리해 준 후 속을 곱게 다져 준다.

화이트 토마토주스

재료

- 완숙 토마토   30g
- 레몬   1/2ea
- 바질   5g
- 소금   some

만드는 방법

01 토마토는 소금을 넣고 핸드믹서기로 거칠게 갈아 준다.
02 고운 시누아에 면보를 걸치고 거칠게 갈은 토마토와 레몬, 바질을 버무려 얹어 준다.
03 토마토가 담긴 통은 랩으로 덮어 준 후 냉장고에서 6시간 정도 보관해 준다.
04 통은 흔들지 말고 맑게 내려온 토마토주스만 사용한다.

» 면보가 너무 고우면 토마토주스가 너무 느리게 여과될 수 있다. 무겁지 않은 누름돌로 눌러 주는 것도 하나의 방법이다.

홍합 스튜

재료

- 홍합 300g
- 퓨어 올리브유 100ml
- 화이트 토마토주스 100ml
- 화이트 와인 50ml
- 다진 생강 10g
- 다진 마늘 15g
- 다진 샬롯 15g
- 버터 1Ts
- 그라나 파다노 치즈 10g

만드는 방법

01 팬에 오일을 두르고 열이 오르면 홍합을 넣어 준다.
02 홍합이 입을 살짝 벌리면 생강, 마늘, 샬롯을 넣고 향을 내 준 후 화이트 와인을 넣어 향을 더해 준다.
03 화이트 토마토주스를 넣고 자작하게 끓여 준 후 꺼내 껍질과 살을 분리해 다시 냄비에 넣어 준다.
04 버터를 넣고 몽떼를 해 준 후 그라나 파다노 치즈로 풍미를 더 해 준다.

빈 블랑 소스

재료

- 퓌메 드 푸아송 100ml
- 다진 샬롯 10g
- 버터 80g
- 설탕 some
- 파슬리 10g

만드는 방법

01 퓌메 드 푸아송 피쉬 스톡에 다진 샬롯, 다진 파슬리, 설탕을 넣어 끓여 준다.
02 자작하게 끓으면 버터를 넣고 저어가며 농도를 맞추어 준다.
03 고운체에 걸러 준비한다.

E ─── 바질 오일

재료

- 바질 50g
- 파슬리 10g
- 샐러드유 500ml
- 라임즙 10ml
- 설탕 1ts

만드는 방법

01 바질과 파슬리는 한 번 데쳐 찬물에 식혀 색을 보존한다.
02 오일과 설탕, 라임즙을 넣고 곱게 갈아 체에 내려 준다.

 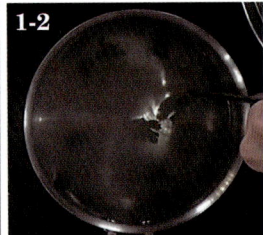  

F ─── 가니쉬

재료

- 벨루가 캐비어 some
- 연어알 some

만드는 방법

01 접시에 가지 캐비어와 홍합 스튜를 얹어 준 후 빈 블랑 소스를 뿌리고 바질 오일을 곁들여 준다.
02 연어알과 캐비어를 올려 마무리해 준다.

플레이팅 포인트

타원형의 접시는 중앙에 음식을 집중시키면 접시가 훨씬 안정적이 된다. 다양한 재료들을 마치 동산처럼 쌓아 올려 접시에 재미를 더한다. 이렇게 재료들을 모으는 플레이팅은 버무려 먹기에 좋은 요리들에 사용하는 것이 좋다.

서브

가지 캐비어와 홍합 스튜는 접시에 담기 직전에 데워 준다. 홍합 스튜는 특히 미리 끓여 놓으면 토마토의 향이 날아갈 수 있고 홍합의 식감이 질겨 질 수 있으니 주의한다. 빈 블랑 소스는 중탕으로 온도를 유지해 준 후 뿌려 준다.

재료 보관 방법

화이트 토마토주스는 만들어 놓은 후 시간이 지나면 향과 맛이 약해지기 때문에 하루 정도만 보관해 주는 것이 좋다. 가지 캐비어는 대량으로 만들어 놓은 후 펼쳐 냉동 보관하면 2주 정도는 문제없이 사용할 수 있다. 홍합은 그때그때 신선한 것을 사용해 주어야 한다.

애쉬로 향을 낸 연어 콩피

with 양파 렐리쉬, 레몬 와사비 크림, 캐러멜 한 사과,
달콤한 당근 퓌레, 파슬리 오일, 제노베제 소스

○

*Ash flavor confit of salmon, onion relish, lemon wasabi cream, caramelized apple,
sweet carrot puree, parsley oil, genovese sauce*

| 주재료 * 연어 | 조리법 * 콩피 | 응용소스 * 소스 제노아 | 2인분 |

연어는 40℃부터 단백질과 지방질이 변성하며 부드러워진다. 한 번 더 조리 시어링 또는 토칭를 하면 또 다른 풍미를 느낄 수 있다. 애쉬는 잿가루라는 뜻이 있는데 음식의 은은한 스모크향과 감칠맛을 내는 데 유용하다. 사과와 당근은 음식 궁합이 좋다. 함께 섞어 퓌레를 만들면 그 맛 또한 재미있다. 2014년 Bocuse D'or 국가대표로 출전했던 레시피의 응용이다.

A 연어 콩피
D 캐러멜 사과
C 양파 렐리쉬
G 파슬리오일
H 가니쉬
F 레몬 와사비 크림
B 연어 타르타르
E 사과 당근 퓌레

연어 콩피

재료

- 연어 100g
- 그라브락스 연어* 50g
- 양파 애쉬 some
- 레몬 제스트 1g
- 딜 1g
- 소금 some
- 샐러드유 500ml
- 양파 50g
- 레몬 그라스 1ea

*소금, 설탕, 후추, 딜과 같은 허브에 절여 숙성시킨 연어

만드는 방법

01 연어는 넓게 펴 준 후 소금, 레몬 제스트와 다진 딜에 마리네이드 해 준다.
02 그라브락스 연어에 양파 애쉬를 발라 준다.
03 애쉬를 바른 그라브락스 연어를 넓게 펴 준 연어에 올려 주고 소창으로 말아 준다.
04 실링 용지에 오일, 양파, 레몬 그라스, 연어를 넣고 밀봉해 준다.
05 42℃ 수비드에 20분간 익히고 연어를 꺼내 냉장고에서 차갑게 식혀 준다.
06 토치로 겉면을 그을려 불향을 내 준다.

B 연어 타르타르

재료

- 연어 50g
- 달걀노른자 1ea
- 간장 10ml
- 양파 10g
- 디종 머스터드 some
- 연어알 some
- 들기름 some

만드는 방법

01 연어는 스몰 다이스 해 준다.
02 노른자와 간장, 다진 양파, 디종 머스터드를 스몰 다이스한 연어와 섞어 준다.
03 들기름에 버무린 연어알을 곁들여 준다.

양파 렐리쉬

재료

- 양파 150g
- 레몬즙 10ml
- 화이트 와인 15ml
- 설탕 1ts
- 파슬리 1g
- 샐러드유 10ml

만드는 방법

01 양파는 곱게 다져 준다.
02 냄비에 오일을 넣고 양파를 볶아 숨을 죽여 준다.
03 설탕, 화이트 와인을 넣고 10분 간 천천히 볶아 준 후 레몬즙과 다진 파슬리를 넣어 향을 내 준다.

캐러멜 사과

D

재료

- 사과 50g
- 설탕 1ts
- 버터 1ts
- 민트 1g
- 생강물 10ml

만드는 방법

01 설탕과 버터, 생강물을 넣고 끓여 설탕이 갈색이 되게 만들어 준다.
02 빠리지엔 한 사과를 코팅해 준다.
03 다진 민트를 뿌려 버무려 준다.

사과 당근 퓌레

재료

- 사과 100g
- 당근 150g
- 우유 1L
- 버터 1ts
- 소금 some
- 생크림 15ml
- 꿀 10ml

만드는 방법

01 사과와 당근은 얇게 슬라이스 해 준다.
02 냄비에 버터를 넣고 사과와 당근을 볶아 주고 소금과 꿀을 넣어 준다.
03 우유를 넣고 30분간 뭉근히 끓여 자작해지면 크림을 넣어 곱게 갈아 체에 내려 준다.

F — 레몬 와사비 크림

재료

- 생크림 50ml
- 레몬 제스트 1g
- 설탕 some
- 소금 some
- 와사비 분말 2g

만드는 방법

01 생크림에 설탕, 소금, 와사비 분말을 넣어 휘핑을 해 준다.
02 제스트를 넣어 향을 더해 준다.
03 1시간가량 숙성 후 먹는다.

Ⓖ 파슬리 오일

재료

- 파슬리 10g
- 퓨어 올리브유 100ml
- 사과주스 15ml
- 설탕 1/2ts

만드는 방법

01 오일에 파슬리와 사과주스, 설탕을 넣고 곱게 갈아 준 후 체에 내린다.

Ⓗ 가니쉬

재료

- 칵테일 양파 2ea
- 파슬리 비스켓* 5ea
- 한련화 some
- 파슬리 오일 15ml

*춘권피 또는 얇게 핀 반죽을 몰드로 찍어 저온의 기름에서 노릇하게 튀겨 준 후 다진 파슬리에 버무려 준 가니쉬

만드는 방법

01 접시에 콩피한 연어와 연어 타르타르를 올려 중심을 잡아 준 후 양파 렐리쉬, 캐러멜 사과, 사과 당근 퓨레, 레몬 와사비 크림을 올려 준다.

02 반으로 자른 칵테일 양파와 튀긴 파슬리 비스켓을 올려 준 후 와사비 향이 나는 한련화와 파슬리 오일을 뿌려 준다.

플레이팅 포인트

연어 콩피와 연어 타르타르로 일자로 중심을 잡아 준 후 빈 공간을 캐러멜 사과와 양파 렐리쉬로 채워 준다. 사과 당근 퓌레와 와사비는 중간중간 배치하여 연어와 함께 곁들여 먹을 수 있게 표현한다.

서브

연어 콩피는 컷팅 후 냉장 보관 후에 접시에 담아 준다. 타르타르는 접시에 담기 전 재료를 버무려 주고 항상 차갑게 준비해 준다. 차가운 접시이기 때문에 오일과 퓌레를 뺀 재료들을 미리 담아 뚜껑을 덮어 냉장 보관 후 서브 직전에 꺼내 오일, 퓌레, 크림 같은 물성이 있는 재료들을 담아 주는 것도 하나의 방법이다.

재료 보관 방법

연어는 콩피 후 진공 보관하면 냉장으로 3일은 문제 없이 사용할 수 있다. 생선류는 조리 후에 냉동 보관하는 것은 추천하지 않는다. 타르타르는 나가기 직전에 다이스로 손질해 주는 것이 좋다. 양파 렐리쉬는 대량으로 만들어 준 후 진공 또는 밀폐용기에 냉장 보관하면 오래 사용할 수 있다.

야채의 조리와 소스의 응용

part — *vegetables* — 03

1. **3가지 방식으로 조리한 토마토와 리코타 치즈 샐러드**
   with 토마토 콩피, 토마토 타르타르, 토마토 아가

2. **스위트 당근 플레이트**
   with 반숙한 당근, 당근 피클, 당근 스파게티, 당근 퓌레, 당근 칩

3. **큐민향을 낸 구운 콜리플라워와 콜리플라워 퓌레**
   with 콜리플라워 튀김, 살로우 포치 한 홍새우, 푸아그라 파르페, 홀렌다이즈 소스

4. **캐러멜 라이징 한 양파 스프와 딱새우**
   with 비스큐 사바용 소스, 볶은 피스타치오와 잣 벨루떼, 한련화 오일과 품

5. **새우 무스를 넣고 찐 허브랩을 바른 감자**
   with 꼬막 절임과 애호박 퓌레, 새우 타르타르, 비스켓

6. **오렌지주스에 글레이징 한 아스파라거스와 옥수수 플랑**
   with 오렌지 시트와 겔, 사바용 소스와 계란 노른자 콩피

3가지 방식으로 조리한 토마토와 리코타 치즈 샐러드
토마토 콩피, 토마토 타르타르, 토마토 아가

○

3 type tomato(confit, tartar, agar) with ricotta cheese salad

| **주재료** * 토마토 | **조리법** * 콩피, 타르타르 | **응용소스** * 발사믹 드레싱 | **2인분** |

토마토는 애피타이저로 좋은 식자재 중의 하나이다. 특유의 시원함, 새콤한 당도, 그리고 감칠맛도 겸비하고 있어 다양하게 사용하기 좋다. 토마토를 여러 방식으로 조리해 식감과 풍미, 맛을 표현했다. 담백한 리코타 치즈를 곁들여 애피타이저로서 충분한 역할을 한다. 2020년 오스테리아 주연의 다이닝 메뉴이다.

- 토마토 타르타르 **B**
- **A** 토마토 콩피
- 오렌지 겔 **E**
- **C** 토마토 아가
- 레몬 드레싱 **F**
- 리코타 치즈 **D**

A — 토마토 콩피

재료
- 방울토마토   6ea
- 설탕   1/2ts
- 바질   some
- 엑스트라 버진 올리브유   30ml

만드는 방법

01   방울토마토는 뜨거운 물에 살짝 데쳐 껍질을 벗겨 준다.

02   설탕과 오일에 버무려 준 후 슬라이스 한 바질을 얹어 주고 60℃ 오븐에 15분간 넣어 조리해 준다.

03   차갑게 식혀 보관한다.

B 토마토 타르타르

재료

- 완숙 토마토   1/2ea
- 양파   10g
- 사과   1/4ea(30g)
- 꿀   1ts
- 발사믹 식초   1ts
- 소금   some

만드는 방법

01   토마토는 뜨거운 물에 데쳐 껍질을 벗겨 준 후 씨앗을 제거해 준다.

02   0.5cm 크기로 손질해 준 후 소금 간을 하고 다진 양파와 다진 사과를 함께 섞어 준다.

03   꿀과 발사믹 식초를 첨가해 버무려 준다.

토마토 아가

재료
- 토마토주스 100ml
- 한천 가루 3g
- 설탕 1/2ts
- 라임즙 10ml

만드는 방법
01 토마토주스에 설탕을 녹여 준 후 라임즙을 넣고 살짝 끓여 준다.
02 주스를 저어가며 한천 가루를 넣어 준다.
03 틀에 부어 굳혀 준 후 잘라 주거나 몰드에 넣어 굳혀 준 후 꺼내 준다.

리코타 치즈

재료

- 우유   200m
- 치즈용 레몬즙   20ml
- 사과용 레몬즙   15ml
- 설탕   1/2ts
- 사과   1/4ea
- 바질   some
- 딜   1g
- 파슬리   some
- 잣   2g

만드는 방법

01. 냄비에 우유를 넣고 설탕을 넣어 준다.
02. 레몬즙을 둘러 준 후 약한불로 끓여 준다. 약 85℃ 정도면 치즈가 만들어진다.
03. 고운체에 내려 치즈만 분리해 준 후 차갑게 보관해 준다.
04. 사과는 몰드로 찍어 레몬즙을 버무려 주고 볶은 잣과 허브를 곁들여 우유로 만든 리코타 치즈와 함께 준비한다.

E — 오렌지 겔

재료

- 오렌지 퓌레 100g
- 오렌지주스 50ml
- 한천 5g
- 설탕 2g

만드는 방법

01 냄비에 오렌지 퓌레를 넣어 준 후 약한 불에 끓여 준다.
02 끓기 시작하면 한천을 천천히 넣어 가며 풀어 준다.
03 실링지에 넣어 진공 후 식혀 준다.
04 식어 굳은 오렌지 퓌레에 설탕과 오렌지주스를 넣어가며 농도를 맞추고 곱게 갈아 준다.
05 곱게 갈은 오렌지 겔은 파이핑백에 넣어 준 후 접시에 짜 준다.

F — 레몬 드레싱

재료

- 레몬즙 30ml
- 설탕 1ts
- 퓨어 올리브유 100ml
- 바질 some
- 레몬 제스트 some

만드는 방법

01 레몬즙에 설탕을 섞어 녹여 준다.
02 레몬 제스트와 다진 바질을 넣어 준다.
03 오일을 천천히 넣어가며 휘핑해 준다.

플레이팅 포인트

샐러드 재료를 활용한 애피타이저 접시는 플레이팅이 난도가 있는 편이다. 재료의 원형을 유지하되 접시에 감각 있게 담아야 하기 때문이다. 이 요리 같은 경우는 재료를 쌓아 올려 버리면 그저 손이 많이 간 샐러드로 밖에 표현이 안 된다. 접시의 특징을 살려 토마토를 일렬로 배치 후 사과와 아가로 포인트를 준다. 듬뿍 뿌린 레몬 드레싱으로 전체적인 산도를 잡아 주고 사이사이 배치된 오렌지 겔은 또 다른 산미를 주어 재미를 더한다.

서브

토마토 접시는 최대한 차갑게 준비해 준 후 토마토와 재료들을 순서대로 올려 준다. 사과는 레몬즙에 담가 색이 바라는 걸 방지하고 레몬 드레싱은 나가기 전에 한 번 더 휘핑을 쳐주어 분리되는 것을 방지한다.

재료 보관 방법

토마토 콩피는 절여 준 후 냉장 보관으로 하루는 문제없이 사용할 수 있다. 그 후에는 토마토가 물러질 수도 있으니 주의해야 한다. 타르타르는 그날그날 만들어 사용하는 것을 추천한다. 레몬 드레싱은 대량으로 만들어 준 후 냉장 보관하고 나가기 전에 흔들어 사용하면 된다.

스위트 당근 플레이트

반숙한 당근, 당근 피클, 당근 스파게티, 당근 퓌레, 당근 칩

Sweet carrot plate, boiled and mashed carrots, pickled carrots, carrot spaghetti, carrot puree, carrot chips

| 주재료 * 당근 | 조리법 * 퓌레, 샐러드, 포칭 | 응용소스 * 라임 드레싱 | 2인분 |

익힌 당근을 싫어하는 사람이 있을 수도 있다. 그건 아마 푹 익혀 씹히는 맛없는 물컹한 식감 때문이라 생각한다. 당근의 아삭거리는 식감과 절반 정도 익혀 부드럽게 씹히는 식감, 피클로 산뜻한 맛을 더해 당근에 대한 애정을 담은 요리이다. 고소한 모차렐라 크림을 곁들여 가벼울 수도 있는 접시에 담백함을 더해 준다. 2021년 오스테리아 주연의 다이닝 메뉴이다.

- A 반숙한 당근
- B 당근 피클
- C 당근 스파게티
- D 당근 퓌레
- E 모차렐라 치즈 크림
- F 당근 칩

A ─── 반숙한 당근 ───

재료

- 당근　　　　　　　100g
- 물　　　　　　　　500ml
- 레몬　　　　　　　1/2ea
- 레몬즙　　　　　　15ml
- 버터　　　　　　　1ts
- 타임　　　　　　　some
- 엑스트라 버진 올리브유
  　　　　　　　　　some
- 사과잼　　　　　　30g

만드는 방법

01 당근은 손질 후 타임과 버터, 레몬을 넣은 물에 넣고 5분간 삶아 준 후 다이스 모양으로 손질해 준다.

02 반숙한 당근은 레몬즙, 오일, 사과잼에 버무려 준 후 차갑게 준비해 준다.

Ⓑ 당근 피클

재료

- ☐ 당근 100g
- ☐ 건바질 5g
- ☐ 건타임 2g
- ☐ 물 100ml
- ☐ 식초 100ml
- ☐ 설탕 100g
- ☐ 레몬 1/2ea
- ☐ 소금 1Ts

만드는 방법

01 물, 식초, 설탕, 건바질, 건타임, 레몬을 넣고 끓여 피클 주스를 만들어 준다.

02 당근은 파리지엔 모양으로 둥글게 파주고 1시간가량 소금에 절여 준 후 씻고 차갑게 식은 피클물에 12시간가량 담가 당근 피클을 만들어 준다.

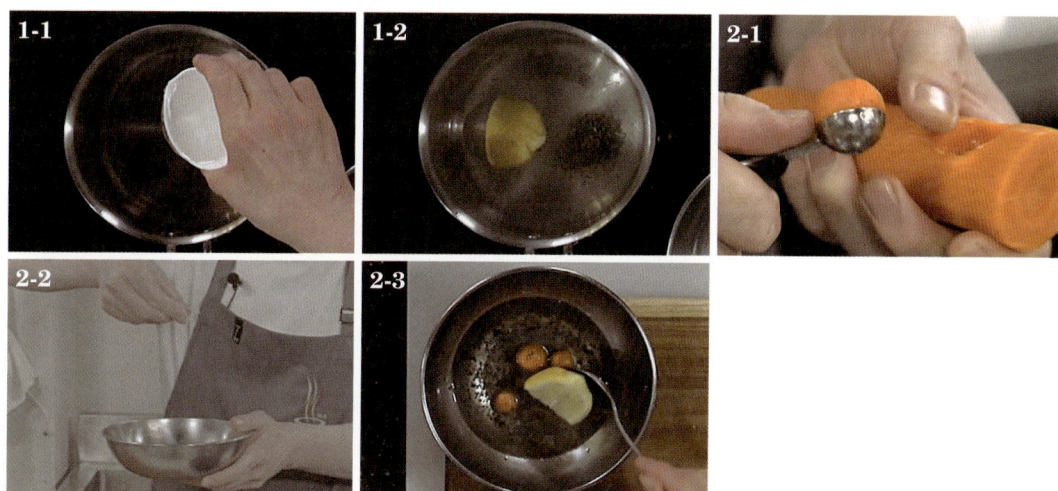

당근 스파게티

재료

- 당근　　　　　　　100g
- 엑스트라 버진 올리브유　　　　　　　10ml
- 소금　　　　　　　some
- 레몬 제스트　　　　1g
- 레몬즙　　　　　　10ml
- 바질　　　　　　　some

만드는 방법

01　당근은 회전 슬라이서로 스파게티 모양으로 손질 후 레몬즙, 소금에 버무려 준다.

02　레몬 제스트와 다진 바질, 오일을 뿌려 준다.

당근 퓌레

재료

- 당근　　100g
- 우유　　500ml
- 버터　　1ts
- 소금　　some
- 설탕　　5g
- 생크림　　15ml

만드는 방법

01　당근은 손질 후 버터에 볶고 소금과 설탕을 뿌려 준 후 우유를 넣고 끓여 준 후 크림과 함께 곱게 갈아 준다.

02　체에 내려 준 후 차갑게 준비해 준다.

E — 모차렐라 치즈 크림

재료
- 모차렐라 치즈   100g
- 우유   150ml
- 생크림   15ml
- 소금   some

만드는 방법
01 모차렐라 치즈를 다져 준 후 소금 간을 하고 우유에 넣고 끓여 준다.
02 치즈가 녹으면 믹서기에 넣어 크림과 함께 곱게 갈아 준다.

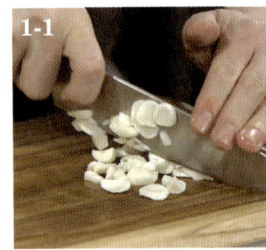
1-1

1-2

2-1

2-2

F — 당근 칩

재료
- 당근   100g
- 샐러드유   500ml

만드는 방법
01 당근은 얇게 손질해 준 후 저온에서 천천히 튀겨 준다.

1-1

1-2

1-3

1-4

1-5

플레이팅 포인트

심플한 접시에 다소 난도 있는 플레이팅으로 당근 스파게티를 중심으로 디귿자 모양으로 재료들을 배치하고 접시의 빈 공간에 모차렐라 치즈 크림을 뿌려 접시가 비어 보이지 않게 하여 안정적으로 표현하였다. 허브로 높낮이를 조절하여 접시를 보는 재미를 준다.

서브

접시는 최대한 차갑게 준비해 준다. 당근 스파게티는 1인분씩 말아 놓아 접시에 담아 주면 된다. 당근 퓌레는 파이핑 백에 넣어 냉장 보관 후 나가기 직전에 접시에 짜 준다. 통상 차가운 요리는 2~4인분씩 소량으로 서브 할 때에는 재료의 순서를 잘 지켜 접시에 담아 주면 된다.

재료 보관 방법

반숙한 당근만 만들어 놓은 후 밀폐용기에 냉장 보관으로 3일 정도는 문제없이 사용할 수 있다. 퓌레는 진공 보관 후 2~4인분씩 소분하여 냉동 보관해 주고 사용할 때마다 냉장 해동으로 녹여 주면 된다. 당근 스파게티와 모차렐라 치즈는 당일에 만들어 사용하는 것이 좋다.

큐민향을 낸 구운 콜리플라워와 콜리플라워 퓌레
with 콜리플라워 튀김, 샬로우 포치 한 홍새우, 푸아그라 파르페, 훌렌다이즈 소스

○

*Cumin flavor roasted cauliflower, cauliflower puree, cauliflower fritter,
shallow-poached red prawn, foie gras parfait, hollandaise sauce*

| **주재료** * 콜리플라워 | **조리법** * 로스팅, 벨루떼 | **응용소스** * 소스 올랑데즈 | 2인분 |

콜리플라워는 꽃양배추과의 채소로 다량의 비타민 C가 함유되어 있는 건강식품이다. 건강식품에 반해 맛에 특별한 특징이 없다는 게 단점이지만 그로 인해 재미있는 플레이버를 넣어 요리할 수 있다. 이번 요리는 콜리플라워로 다양한 식감을 표현하고 그에 맞는 풍미를 더한 애피타이저를 표현해 보았다. 부드럽고 깊은 맛에 녹진한 푸아그라 무스로 밸런스를 맞추면 좋다.

- C 콜리플라워 튀김
- A 구운 콜리플라워
- F 홀렌다이즈 소스
- E 푸아그라 파르페
- D 샬로우 포치한 홍새우
- B 콜리플라워 퓌레

구운 콜리플라워

재료

- 콜리플라워 100g
- 큐민 some
- 소금 some
- 버터 1Ts
- 엑스트라 버진 올리브유 15ml
- 파프리카 파우더 some

만드는 방법

01 콜리플라워는 큐민, 소금, 중탕 버터에 마리네이드 후 200℃ 오븐에 20~25분간 익혀 준다.

02 콜리플라워는 뚜껑을 덮어 준 후 스모크향 속에서 레스팅 해 준다.

03 오일과 파프리카 파우더를 뿌려 마무리해 준다.

Ⓑ 콜리플라워 퓌레

재료

- ☐ 콜리플라워 100g
- ☐ 우유 500ml
- ☐ 버터 1ts
- ☐ 화이트 초콜릿 10g
- ☐ 생크림 10ml
- ☐ 소금 some

만드는 방법

01 콜리플라워는 얇게 손질 후 버터에 천천히 볶아 준다.
02 콜리플라워가 버터를 다 머금고 향이 나기 시작하면 약간의 소금을 넣고 살짝 더 볶아 준다.
03 우유를 넣고 끓이고 콜리플라워가 익으면 화이트 초콜릿과 생크림을 넣고 갈아 준 후 고운체에 내려 준다.

» 믹서기에 갈아 줄 때 우유가 너무 많으면 퓌레의 농도가 질어질 수 있으니 유의한다.
» 화이트 초콜릿은 퓌레를 더 부드럽게 만들고 맛의 특징이 없는 콜리플라워에 당도를 초콜릿으로 주어 풍미를 더해 준다.

C — 콜리플라워 튀김

재료

- 콜리플라워   50g
- 샐러드유   500ml
- 파슬리 가루   some
- 소금   some

만드는 방법

01 콜리플라워는 슬라이스 후 약간의 소금 간을 해 준 후 건조기에 12시간가량 말린다.

02 150℃ 기름에 노릇하게 튀겨 준 후 파슬리 가루를 뿌려 준다.

D — 샬로우 포치 한 홍새우

재료

- 버터   100g
- 홍새우   2ea
- 샬롯   1ea

만드는 방법

01 홍새우는 껍질을 벗겨 준 후 깨끗이 씻고 수분을 제거해 준다.

02 팬에 버터를 두르고 다진 샬롯을 볶아 준다.

03 약한불에서 홍새우를 넣고 천천히 구워 준다.

04 버터를 베이스트 아로제* 해가며 새우를 익혀 준다.

*재료에 뜨거운 기름을 끼얹어 가며 익히는 조리법

  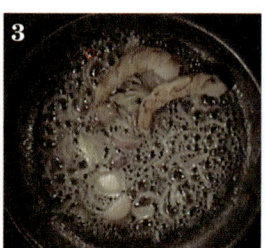 

푸아그라 파르페

재료

- 푸아그라 무스(시제품) 100g
- 생크림 30ml
- 판 젤라틴 2g
- 설탕 1/2ts

만드는 방법

01 푸아그라 무스는 진공팩에 넣어 준 후 50℃에 15분간 수비드 해 준다.
02 기름이 분리되면 꺼내 준 후 젤라틴을 섞고 크림과 설탕을 넣고 곱게 갈아 준다.
03 몰드에 넣어 차갑게 굳혀 준다.

홀렌다이즈 소스

재료

- 달걀노른자 — 2ea
- 화이트 와인 — 150ml
- 파슬리 — some
- 양파 — 10g
- 레몬즙 — some
- 정제 버터 — 50ml
- 소금 — some

만드는 방법

01 화이트 와인에 파슬리, 양파, 소금을 넣고 천천히 끓여 준다.
02 반으로 줄면 체에 걸러 준 후 식혀 준다.
03 차갑게 식은 화이트 와인 리덕션을 믹싱볼에 넣어 준 후 노른자를 넣어 준다.
04 넓은 냄비에 물을 끓이고 믹싱볼을 올려 중탕으로 휘핑을 해 준다.
05 빠르게 8자로 휘핑을 해 주며 거품이 일게끔 만들고 그 부피감을 유지하며 노른자를 익힌다.
06 중탕 냄비에서 꺼내 준 후 믹싱볼을 고정 후 정제 버터를 벽을 타고 천천히 넣어 휘핑해 준다.
07 레몬즙을 넣어 풍미를 더해 준다.
08 부피감은 살짝 줄지만 소스가 크리미해지고 광택이 나는 느낌이 난다.

플레이팅 포인트

콜리플라워, 푸아그라 파르페, 홍새우를 원형으로 돌려 접시의 중심을 잡아 준 후 사이사이에 튀김과 퓌레, 샬롯을 올려 빈 공간을 메꾸어 준다. 중앙에 훌렌다이즈 소스를 듬뿍 넣어 주어 마치 겨울 호수를 둘러싼 나무들처럼 음식들을 표현해 준다. 원으로 재료를 돌리는 플레이팅은 중앙에 원형 틀을 놓고 재료를 주위로 돌리는 방법을 사용해 주어도 된다.

서브

구운 콜리플라워는 미리 구워 준 후 훈연향으로 덮은 채 워머기에 보관해 주고 나가기 직전에 접시에 담아 주면 된다. 접시가 뜨겁기 때문에 푸아그라 파르페는 주재료 중에는 되도록 마지막에 올려 준다. 튀김은 나가기 직전에 튀겨 올려 준다. 훌렌다이즈 소스는 중탕으로 데워 준 후 접시에 담고 토치로 향을 내 준다.

재료 보관 방법

콜리플라워는 마리네이드 후 냉장 보관으로 하루 정도 보관해 줄 수 있다. 구워서는 냉장 보관하지 않는 것이 좋다. 튀김은 말려 놓은 후 실리카겔에 넣어 보관해 주고 나가기 전에 튀겨 주면 된다. 푸아그라 파르페는 만들어 준 후 밀폐용기에 넣어 주고 냉장 보관해 준다.

캐러멜 라이징 한 양파 스프와 딱새우
with 비스큐 사바용 소스, 볶은 피스타치오와 잣 벨루떼, 한련화 오일과 폼

○

Caramelized onion soup and scampi, bisque sabayon sauce, roasted pistachio and pine nut veloute, nasturtium oil and foam

| 주재료 * 양파 | 조리법 * 스프 | 응용소스 * 한련화 오일 | 2인분 |

양파 스프만큼 겨울에 어울리는 스프는 없을 것이라 단언한다. 흐르는 농도로 스프를 곱게 갈아 부드럽게 표현한 후 고소한 잣 벨루떼와 풍미가 깊지만 가벼운 비스큐 사바용을 곁들인다. 겨자향이 나는 한련화 오일은 스프 맛의 감초이다. 다소 단조로워 보이는 양파 스프를 모던하게 표현한 방식으로 2019년 오스테리아 주연의 크리스마스 메뉴이다.

- A 캐러멜 라이징 한 양파 스프
- B 버터에 구운 딱새우
- C 비스큐 사바용
- D 볶은 피스타치오와 잣 벨루떼
- E 한련화 오일
- F 바질 폼

캐러멜 라이징 한 양파 스프

재료

- 양파　　　　　600g
- 퐁 드 뵈프　　　1L
- 물　　　　　　100ml
- 포트 와인　　　50ml
- 타임　　　　　some
- 버터　　　　　80g
- 소금　　　　　1/2ts

만드는 방법

01 냄비에 버터를 두르고 곱게 슬라이스 한 양파를 넣어 천천히 볶아 준다.
02 짙은 갈색이 날 때까지 볶아 주며 물을 조금씩 넣어가며 데글라세 해 준다.
03 포트 와인을 넣고 자작하게 끓여 준 후 퐁 드 뵈프와 타임을 넣고 1시간 가량 은근하게 끓여 준다.
04 소금 간을 한 후 곱게 갈아 체에 내려 준다.

버터에 구운 딱새우

재료

- 딱새우 3ea
- 버터 50g
- 샬롯 15g
- 화이트 와인 30ml

만드는 방법

01 팬에 버터를 두른 후 딱새우를 넣고 익혀 준다.
02 다진 샬롯을 넣어 준 후 버터가 갈색이 되면 화이트 와인을 뿌려 풍미를 더해 준다.

── 비스큐 사바용 ──

재료

- 비스큐 소스   50ml
- 달걀노른자   2ea
- 화이트 와인   150ml
- 파슬리 줄기   some
- 양파   10g
- 레몬즙   some
- 소금   some

만드는 방법

01 화이트 와인에 파슬리, 양파, 소금을 넣고 천천히 끓여 준다.
02 반으로 줄으면 체에 거르고 식혀 준 후 비스큐 소스를 섞어 준다.
03 차갑게 식은 비스큐 리덕션을 믹싱볼에 넣어 준 후 노른자를 넣어 준다.
04 넓은 냄비에 물을 끓이고 믹싱볼을 올려 중탕으로 휘핑을 해 준다.
05 빠르게 8자로 휘핑을 해 주며 거품이 일게끔 만들고 그 부피감을 유지하며 노른자를 익힌다.
06 레몬즙을 뿌려 풍미를 더해 준다.

D 볶은 피스타치오와 잣 벨루떼

재료

- ☐ 잣   100g
- ☐ 우유   500ml
- ☐ 생크림   15ml
- ☐ 소금   some
- ☐ 버터   1ts
- ☐ 피스타치오   10g
- ☐ 건타라건   5g
- ☐ 정향   some

만드는 방법

01 우유에 타라건과 정향, 소금을 넣고 끓여 체에 걸러 준다.
02 냄비에 버터를 넣고 잣을 볶아 준 후 체에 거른 우유를 넣고 끓여 준다.
03 크림을 넣고 최대한 곱게 갈아 준 후 체에 내려 준다.
04 볶은 피스타치오를 곁들여 준다.

E ─ 한련화 오일

재료
- 한련화　　50g
- 파슬리　　10g
- 샐러드유　200ml
- 라임즙　　10ml
- 설탕　　　some

만드는 방법
01 한련화와 파슬리는 한 번 데쳐 찬물에 식혀 색을 보존한다.
02 오일과 설탕, 라임즙을 넣고 곱게 갈아 체에 내려 준다.

F ─ 바질 폼

재료
- 바질　　5g
- 우유　　100ml
- 소금　　some
- 레시틴　5g

만드는 방법
01 우유에 바질과 소금을 넣고 끓여 준 후 체에 내려 준다.
02 뜨거울 때 레시틴을 넣고 섞어 준 후 휘핑기로 거품을 내 준다.

플레이팅 포인트

스프 플레이팅은 난도가 높은 편이다. 물성의 재료들을 서로 번지지 않게 농도를 잡아 주어 접시에 어우러지게 담아 주어야 하기 때문이다. 양파 스프와 잣 벨루떼로 접시를 반으로 나누어 준 후 사이에 딱새우 사바용, 폼으로 포인트를 준다. 백색의 잣 벨루떼에 견과류와 한련화 오일을 뿌려 색감을 더해 준다.

서브

스프와 잣 벨루떼는 나가기 전에 데워 준 후 핸드 믹서기로 한 번 더 갈아 접시에 담아 준다. 딱새우는 나가기 직전에 구워 주는 것이 좋다. 우유는 데워 놓은 후에 접시에 담기 전 휘핑을 해 준다.

재료 보관 방법

양파 스프와 잣 벨루떼는 끓여 준 후 소분하여 진공 포장, 냉동 보관해 주면 2주간은 문제없이 사용할 수 있다. 딱새우는 그날그날 사용할 양을 정하는 것이 좋다. 비스큐 사바용은 하루치 양을 만들어 놓은 후 나가기 전에 중탕으로 데워 나가면 된다.

새우 무스를 넣고 찐 허브럽을 바른 감자

with 꼬막 절임과 애호박 퓌레, 새우 타르타르, 비스켓

○

*Shrimp mousse stuffed herb rub potato,
pickled cockle and zucchini puree, shrimp tartar, shrimp biscuits*

| 주재료 * 감자 | 조리법 * 로스트, 캐서롤 | 응용소스 * 소스 타르타르 | 2인분 |

하나의 메인 요리로 또는 하나의 심도 있는 가니쉬로 표현하기 좋은 레시피로 감자의 폭신한 맛에 새우의 감칠맛을 더했다. 타르타르는 소스로 불리기도 하지만 육류나 생선 등 재료를 다져 양념에 버무린 요리 또한 타르타르라 명칭한다. 살짝 가벼운 애피타이저 메뉴로 선보이기 좋으며 2019년 오스테리아 주연 크리스마스 메뉴이다.

- D 애호박 퓌레
- B 감자와 허브럽
- A 새우 무스
- C 꼬막 절임
- F 새우 비스켓
- E 새우 타르타르

169

A — 새우 무스

재료

- ☐ 흰다리 새우   150g
- ☐ 달걀흰자   30g
- ☐ 생크림   20ml
- ☐ 소금   some
- ☐ 레몬 제스트   some
- ☐ 사과   15g

만드는 방법

01 새우는 생크림, 소금을 넣고 곱게 갈아 준 후 체에 내려 준다.
02 흰자는 휘핑을 해 머랭을 만들어 준다.
03 새우 무스의 1/4 부피감으로 머랭을 섞어 준다.
04 레몬 제스트와 다이스한 사과를 섞어 준다.
05 냉장고에 차갑게 굳혀 준다.

B 감자와 허브럽

재료

- [ ] 감자　　　　1ea(중, 100~130g)
- [ ] 바질　　　　5g
- [ ] 타임　　　　5g
- [ ] 로즈마리　　5g
- [ ] 큐민　　　　5g
- [ ] 정제 버터　　50ml
- [ ] 올리고당　　15g
- [ ] 소금　　　　some

만드는 방법

01　감자 슬라이서로 감자를 길게 깎아 준다.
02　길게 깎은 감자는 끓는 물에 1분간 데쳐 준다.
03　감자에 바질을 올리고 새우 무스를 넣고 돌돌 말아 준다.
04　감자에 정제 버터를 발라 준 후 소금을 뿌리고 랩으로 감아 고정시켜 주고 꼬치로 기포를 제거해 준 후 찜기에 5분간 쪄 준다.
05　감자는 썰어 준 후 물을 섞은 올리고당을 뿌려 준 후 다져 섞은 허브들을 뿌려 준다.

» 감자를 1분간 데치는 이유는 찜으로 감자가 익을 정도면 새우 무스가 오버 쿡이 되기 때문이다.

C — 꼬막 절임

재료

- [ ] 꼬막살　　　　50g
- [ ] 레몬　　　　　10ml
- [ ] 다진 샬롯　　　15g
- [ ] 생강물*　　　　10ml
- [ ] 딜　　　　　　2g
- [ ] 바질　　　　　1g
- [ ] 식초　　　　　15ml
- [ ] 설탕　　　　　10g
- [ ] 물　　　　　　10g
- [ ] 머스터드 씨드　some

*으깬 생강을 담가 향을 낸 물

만드는 방법

01　꼬막은 바질을 넣고 끓인 물에 데쳐 식혀 준다.
02　설탕, 식초, 물을 끓여 초물을 만들어 준다.
03　다진 허브와 생강물, 레몬즙, 다진 샬롯, 머스터드 씨드를 초물과 섞어 준 후 꼬막을 절여 준다.

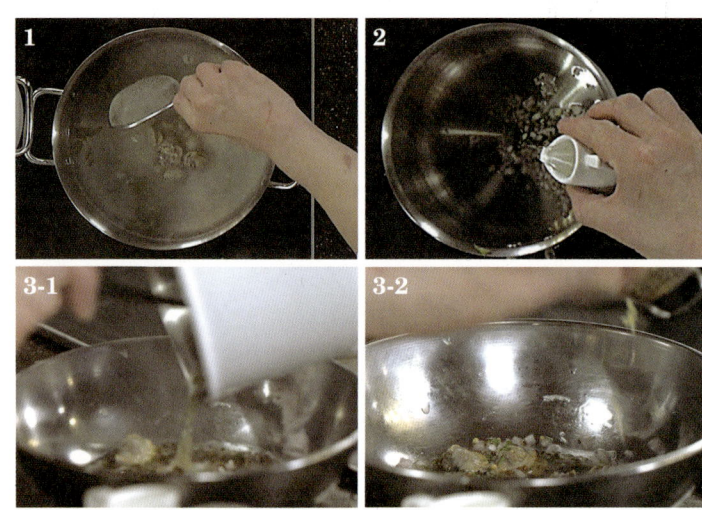

D — 애호박 퓌레

재료

- [ ] 애호박　　　150g
- [ ] 우유　　　　500ml
- [ ] 생크림　　　15ml
- [ ] 버터　　　　1Ts
- [ ] 소금　　　　some

만드는 방법

01　애호박은 얇게 슬라이스 해 준다.
02　냄비에 버터를 두른 후 애호박을 볶아 주고 소금 간을 해 준다.
03　우유를 넣고 끓여 준 후 애호박이 익으면 빠르게 건져 생크림을 넣고 믹서기에 갈아 준 후 얼음통에 식혀 준다.

»　얼음통에 식히는 이유는 색과 향이 변하지 않기 위해서이다.

E 새우 타르타르

재료

- 흰다리새우 30g
- 홍새우 30g
- 단새우 30g
- 디종 머스터드 10g
- 마요네즈 15g
- 샬롯 10g
- 마늘 5g
- 소금 some
- 레몬 제스트 some
- 레몬즙 5ml
- 엑스트라 버진 올리브유 15ml
- 설탕 some

만드는 방법

01 흰다리새우는 데쳐 준 후 다져 준다.
02 홍새우는 그릴 후 다져 준다.
03 단새우는 소금과 설탕에 절여 준 후 씻고 다져 준다.
04 다진 새우들과 함께 머스터드, 마요네즈, 다진 샬롯, 다진 마늘, 레몬 제스트, 레몬즙, 오일을 섞어 타르타르를 만들어 준다.
05 차갑게 준비해 준다.

F — 새우 비스켓

재료
- 새우 무스　　30g
- 중력분　　　10g

만드는 방법
01　새우 무스와 밀가루를 섞어 준다.
02　실리콘 몰드에 무스를 발라 준 후 천천히 튀겨 준다.

플레이팅 포인트

애호박 퓌레로 접시에 중심을 잡아 준 후 감자와 허브렙을 올려 준다. 꼬막 절임과 새우 타르타르, 퓌레를 따라 일자로 놓아 접시의 여백의 미를 살려 주고 자른 단면과 타르타르를 보여 준다. 어렵지 않은 플레이팅이지만 재료들을 떨어 뜨려 놓는다면 밸런스가 무너져 보일 수 있으니 주의해야 한다.

서브

감자는 자른 뒤 냉장고에 보관 후 접시에 담아 준다. 타르타르는 재료들을 미리 손질 후 접시에 담기 직전에 버무려 주어야 한다. 미리 버무려 놓으면 타르타르에서 수분이 나와 접시가 지저분해 질 수 있다. 꼬막 절임은 미리 절여 놓아 냉장고 보관 후 접시에 담아 주면 된다.

재료 보관 방법

감자는 진공 후 냉장 보관으로 3일은 문제없이 사용할 수 있다. 타르타르의 새우는 각자 조리 후 다지지 않고 밀폐용기에 냉장으로 하루에서 이틀 정도 보관하여 사용한다. 꼬막 절임은 촛물에 절여 3일 정도는 냉장 보관하여도 맛이 변하지 않는다.

오렌지주스에 글레이징 한 아스파라거스와 옥수수 플랑

with 오렌지 시트와 겔, 사바용 소스와 달걀노른자 콩피

○

Orange jus glazed asparagus, asparagus with corn flan,
orange sheet and gel, sabayon sauce, egg yolk confit

| **주재료** * 아스파라거스 | **조리법** * 팬 프라이 | **응용소스** * 소스 사바용 | **1인분** |

글레이징이란 '입히다'라는 뜻이 있는 조리법으로 재료를 코팅한다고 생각하면 편하다. 일반적으로는 설탕, 버터, 육수로 코팅을 해주나 아스파라거스 같은 재료들은 살짝 산도가 있는 오렌지주스나 사과주스에 코팅을 해 주면 맛이 더 좋다. 한천을 이용하여 겔과 시트를 만들어 주고 가벼운 듯한 구성에 녹진한 노른자 콩피를 곁들여 접시의 밸런스를 맞추어 준다. 플랑은 따뜻한 푸딩이라고 보면 된다. 계란의 응고되는 성질을 이용해 일정한 온도에서 부드럽게 조리해 주는 방식이다.

- B 옥수수 플랑
- A 아스파라거스
- C 단새우
- E 오렌지 겔
- F 사바용 소스
- G 달걀노른자 콩피
- D 오렌지 시트

A 아스파라거스

재료

- 아스파라거스 2ea
- 엑스트라 버진 올리브유 10ml
- 버터 1Ts
- 오렌지주스 30ml
- 설탕 1ts
- 계절 허브 some
- 물 500ml

만드는 방법

01 아스파라거스는 껍질을 벗겨 준 후 오일과 허브를 넣고 끓인 물에 데쳐 준 후 물기를 제거해 준다.

02 팬에 오렌지주스와 버터를 섞어 준 후 설탕을 넣어 녹여 반으로 졸여 준다.

03 데친 아스파라거스를 넣고 약 2분가량 글레이징을 해 준다.

ⓑ 옥수수 플랑

재료

- ☐ 퓌레용 옥수수알 100g
- ☐ 옥수수알 15g
- ☐ 달걀 2ea
- ☐ 생크림 30ml
- ☐ 몰드에 두르는 버터 10g
- ☐ 플랑에 넣는 버터 15g
- ☐ 소금 1/2ts

만드는 방법

01 옥수수는 곱게 갈아 체에 내려 퓌레를 만들어 준다.
02 달걀은 고운체에 내려 준 후 생크림과 버터와 소금을 넣어 섞어 준다.
03 옥수수를 섞어 준 후 버터를 두른 몰드에 넣어 준다.
04 100℃ 온도에 중탕으로 30분간 익혀 준다.
05 차갑게 식혀 준 후 꺼내 준다.

C 단새우

재료

- [ ] 단새우   2ea
- [ ] 레몬   1/4ea
- [ ] 물   500ml
- [ ] 백후추   some

만드는 방법

01. 물에 레몬과 후추를 넣고 끓여 준 후 체에 걸친 새우에 부어 데치듯이 익혀 준다.

D 오렌지 시트

재료

- 오렌지주스　　200ml
- 시트 불리기용 오렌지주스　　30ml
- 생강물*　　10ml
- 한천가루　　5g

*으깬 생강을 담가 향을 낸 물

만드는 방법

01　오렌지주스에 생강물을 섞어 준다.
02　한천을 천천히 넣어 주며 섞어 준 후 냄비에 약 85℃가량 천천히 온도를 올려 한천을 잘 섞어 준다.
03　농도가 나오면 팬에 옮겨 얇게 펴 발라 준 후 60℃ 오븐에서 3시간가량 천천히 말려 준다.
04　말린 오렌지 시트에 약간의 물을 뿌려 시트를 뜯어 준다.

오렌지 겔

재료

- 오렌지 퓌레 100g
- 오렌지주스 200ml
- 한천가루 5g
- 설탕 10g
- 엑스트라 버진 올리브유 10ml

만드는 방법

01 냄비에 오렌지 퓌레를 넣어 준 후 약한 불에 끓여 준다.
02 끓기 시작하면 한천을 천천히 넣어 가며 풀어 준다.
03 식어 굳은 오렌지 퓌레에 설탕과 오렌지주스를 넣어가며 농도를 맞추고 곱게 갈아 준다.
04 마지막에 올리브유를 넣고 조금 더 갈아 향을 내 준다.

F 사바용 소스

재료

- 달걀노른자   2ea
- 화이트 와인   150ml
- 파슬리 줄기   some
- 양파   10g
- 레몬즙   some
- 소금   some

만드는 방법

01 화이트 와인에 파슬리, 양파, 소금을 넣고 천천히 끓여 준다.
02 반으로 줄으면 체에 걸러 준 후 식혀 준다.
03 차갑게 식은 화이트 와인 리덕션을 믹싱볼에 넣어 준 후 노른자를 넣어 준다.
04 넓은 냄비에 물을 끓이고 믹싱볼을 올려 중탕으로 휘핑을 해 준다.
05 빠르게 8자로 휘핑을 해 주며 거품이 일게끔 만들고 그 부피감을 유지하며 노른자를 익힌다.
06 레몬즙을 넣어 풍미를 더해 준다.

달걀노른자 콩피

재료

- 달걀노른자 1ea
- 건바질 2g
- 건타임 2g
- 굵은 소금 1/2ts
- 설탕 1ts
- 퓨어 올리브유 100ml

만드는 방법

01 소금, 설탕, 허브들을 섞어 준 후 계란의 위 아래로 덮어 준다.

02 1시간가량 절여 준 후 흐르는 물에 씻고 서늘한 곳에서 3시간가량 말려 준다.

03 오일에 담가 놓아 보관해 준 후 접시에 담을 때는 체에 밭쳐 기름을 제거하고 플레이팅 해 준다.

플레이팅 포인트

재료들을 한데 모아 마치 화분처럼 표현한 플레이팅이다. 퓌레나 소스를 흩뿌리는 것보다 조금씩 단정하게 짜주는 것이 좋다. 먹기 위해서는 버무려야 하지만 오렌지 시트나 허브들을 건들기 아까울 정도로 깔끔하게 놓아 주어 아름답게 표현한다.

서브

사바용 소스와 시트를 뺀 나머지 재료들은 미리 접시에 담아 두어 뚜껑을 덮고 냉장고에 보관한다. 나가기 전에 허브와 소스, 시트를 올리고 향이 좋은 오일을 둘러 나가면 더 좋다.

재료 보관 방법

오렌지 겔은 만들어 준 후 진공하여 냉장 보관한다. 아스파라거스는 껍질을 벗기지 말고 키친타월로 감싸 준 후 세워서 냉장 보관해 준다. 껍질을 벗겨서 데친 후에는 냉장고에서 하루 정도만 보관하는 것이 좋다. 달걀노른자 콩피는 오일에 담가 냉장 보관하면 일주일 정도는 사용할 수 있다.

김동기 셰프의 레스토랑 창업 스토리

나의 창업

2015년 2월 첫 음식점인 '트라토리아 오늘'을 오픈했다. '트라토리아'는 이탈리아에서 밥집이라는 뜻이 있다. '오늘'은 지금 현재, 오늘을 중요하게 생각하자는 뜻에서 넣은 이름이다. 그렇게 유러피안 가정식 레스토랑을 서울 회기역 근처에 오픈했다. 그 해 1월은 내가 Bocuse d'or 국가대표로 프랑스에서 돌아오는 달이었다. 한국에서는 네 번째 선수, 프랑스 리옹 본선을 가본 역대 두 번째 선수로 18등이라는 높지 않은 등수이지만 한국에서는 최고의 성적을 간직한 채 당시 레스토랑을 오픈하게 되었다. 생전 처음으로 창업을 한 레스토랑에서 어떤 음식을 팔아야 할까? 지금의 아내가 된 그 당시 직원과 머리를 맞대고 고민 끝에 우린 화려한 요리보다는 따뜻한 요리를 팔기로 결정했다. 그게 바로 함박스테이크이다. 최대한 많은 것을 내려놓은 후 진심을 담아 고기를 반죽했다. 돼지고기와 소고기 부위를 선별하여 숙성하고 직접 고기를 갈아 매일 필요한 양만 주문해 반죽 후 판매했다. 함박스테이크 옆에 파스타나 리조또 같은 이탈리아 요리를 곁들여 내었는데 그 전략 또한 크게 들어맞아, 프랑스 요리대회 국가대표 출신이 서울 동쪽 끝 회기동에서 푸근한 함박스테이크를 판다고 소문이 났다.

SNS에서도 좋은 평이 올라오고 오픈 후 6개월 후에 방송 매체에서 찾아왔다. 좀 젊은 나이에 창피하지만 달인이라는 프로그램에 나가 유러피안 가정식 달인이라는 타이틀을 얻게 되었다. 그 후부터 가게는 더 소문을 타 매일 재료소진을 붙여놓기에 바빴다. 그 때 문득 이 사람들은 이제 내가 어떤 요리를 해도 내 가게에 방문해서 이 요리들을 드시겠구나 생각이 들었다. 그 때부터는 함박스테이크가 아닌 클래식한 프랑스, 독일, 이탈리아 유러피안 요리들을 개발해 선보이게 되었다. 라따뚜이, 포르게타, 오소부코, 오리다리콩피 같은 다소 어렵지만 회기동에서 먹어보기 어려운 요리들을 선보였는데 손님들은 그 요리들 또한 환영했다. '트라토리아 오늘'은 그렇게 지금의 '오스테리아 주연'으로 이전하기 전까지 5년 동안 회기동에서 사랑을 받았다. 2020년 그 해 가게 앞 여름 장미가 피는걸 보지 않고 회기동 '트라토리아 오늘'은 추억속으로 넣어두었다.

두 번째 가게는 내가 태어난 동네에 오픈했다. 집에서 10분 거리로, 회기역보다 더 동쪽으로 들어간 서울 끝 상봉동에 가게를 차렸다. 메뉴는 조금 더 깊고 어려워졌다. 하지만 이곳에도 손님들은 찾아오기 시작했다. 처음 내가 사는 동네에 이런 유러

'오스테리아 주연' 외관과 내부

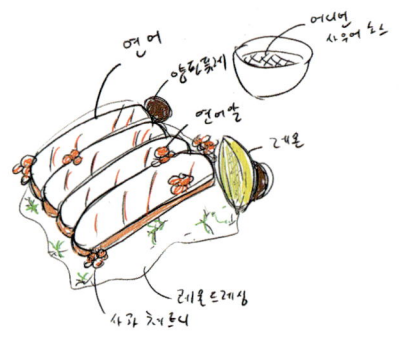
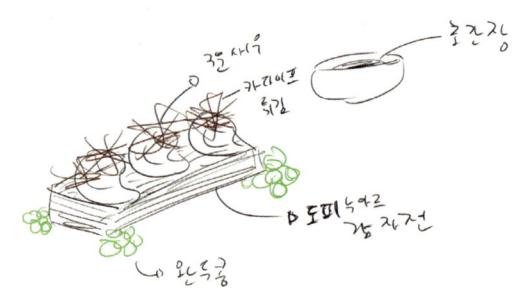

피안 레스토랑을 차리고 싶었던 이유는, 내가 사는 곳에 자랑할 만한 레스토랑이 있었으면 좋겠다는 어렸을 적의 꿈 때문이었는데, 손님들도 나의 바람을 알아주셨는지, 친구들을 데려와 우리가게를 소개하고 함께 자랑스러워 해주셨다. '오스테리아 주연'은 2018년 오픈 이래 지금까지 동네 사람들에게 사랑받고 있는 우리 동네 레스토랑이다.

창업의 위치선정

내 두 개의 가게는 모두 골목길 안쪽에 자리를 잡았다. 하지만 두 가게 모두 역에서 5분 거리로, 충분히 걸어올 만한 위치였다. 사람들은 숨겨진 장소에 대해 호기심과 기대감을 가지고 있다. 나만이 알고 있는 장소라는 느낌은 꽤 매력 있는 마케팅 방법이다. SNS는 숨어있는 가게의 단점을 충분히 보완해 준다. 또 골목 안쪽 자리는 일반적으로 평수대비 월세 같은 고정비 지출이 현저히 낮다. 명심해야 한다. 작은 가게일지라도 고정비 지출은 정말 중요하다. 목이 좋은 곳은 사람들에게 많이 노출되지만 그만큼 월세가 높기에 역세권은 웬만한 직장인 월급보다도 더 많은 월세를 내기도 한다.

재미있는 것은 노출이 많이 된다고 해서 그 가게가 항상 손님들로 붐비는 것은 아니라는 것과 또 붐빈다고 해서 수익구조가 좋다고만 할 수는 없다는 것이다. 그것을 결정하는 중요한 포인트는 바로 가게의 방향성이다.

손님이 붐비지 않아도 매출과 수익률이 높은 가게가 있고 손님이 가득 차 있어도 손익구조가 좋지 않은 가게도 있다. 어떤 메뉴인지, 어떤 콘셉트인지, 추구하는 가치관이 어떤지 방향성을 정한 후 거기에 맞는 고정비 지출이 가능한 장소를 선택하는 것이 중요하다.

메뉴 선정과 개발

예쁘고 맛있는 음식을 한 접시 만드는 건 어렵지 않다. 중요한 건 이 음식들을 1인분이건 100인분이건 항상 똑같이 맛있게 손님에게 나가야 한다는 것이다. 주방 내 동선을 정비하고 재료의 보관과 유통을 체계화해야 한다. 주방 내에 인원과 접시에 몇 번의 터치 재료 가지 수가 들어가는지 체크하여 주방 컨디션의 무리가 없어야 맛있는 요리를 일정하게 낼 수가 있다.

포치드한 대구와 브랑다드

팬 프라이 한 닭 가슴살과 매시트포테이토

치킨 발로틴

양고기 소세지와 매시트포테이토

새우를 얹은 도피누아즈

메뉴 개발은 때가 있는 것이 아니라서 생각나는 것과 경험을 항상 체크해 놓는 것이 좋다. 오늘은 메뉴 개발을 해야지 하며 시작할 수도 있지만 나 같은 경우는 일상생활이 메뉴 개발이다. 파인다이닝에서 아이디어가 떠오르기도 하고 백반집에서 깨달음을 얻기도 한다. 내 레스토랑 같은 경우는 분기별로 새로운 변화를 주는데, 그때마다 기록해 놓았던 노트의 아이디어를 찾아 메뉴에 접목시킨다. 레스토랑뿐만 아니라 요리대회에 도전하는 메뉴들도 일상생활에서 오는 자극에서 시작한다.

내 레스토랑의 메뉴선정의 기준은 기본적으로 '나에게 맛이 좋을 것'이다. 예를 들어 나는 개인적으로 날 것, 해산물을 좋아하지 않는다. 생선회의 감칠맛이나 해산물의 풍부한 맛을 모르는 것은 아니나 내게 매력이 없는 요리를 유행에 맞춰 팔기 위해 억지로 메뉴에 넣거나 구성하지 않는다. 항시 내가 즐겁게 테이스팅 할 수 있어야 테이스팅 했을 때 늘 일정한 맛을 유지할 수 있다. 물론 코스 요리 같은 경우는 코스의 구성에 맞게끔 자신 있는 생선이나 해산물 요리를 낸다. 날것보다는 꼭 조리를 하는데, 콩피나 테린같은 조리법을 애용한다. 옛날 셰프들은 야채, 육류, 해산물 등의 메뉴 구성을 촘촘하게 구성했던 시기도 있었지만 요즘은 셰프 개인의 역량에 따라 추구하는 방향성을 레스토랑 메뉴에 집어넣을 수 있고 또한 이제는 손님들의 미식 수준도 충분히 함께 성장하고 있다고 생각한다.

재료

식자재를 구입하는 방법은 다양하다. 요즘은 유통업체들을 통해 손쉽게 식재료들을 구입할 수가 있다. 어느 정도 규모가 있는 곳이라면 주방의 체계와 편의를 위해 업체와의 계약을 통한 재료를 구입하는 것이 좋지만 만약 개인 또는 소규모 레스토랑이라면 오너가 직접 장보는 것을 추천한다. 작은 가게는 대량으로 식자재를 구입할 경우가 많지 않다. 소량으로 구매했을 때에는 시장이 업체에서 구매하는 것보다 가격이 더 높을 수는 있다. 하지만 매일 직접 장을 보면 그날그날 재료의 상태와 가격의 인상폭을 몸으로 느낄 수 있으며 상인들과의 유대감을 통해 레스토랑의 가치를 업그레이드 시킬 수 있다. 농장에서 시작해 상인을 거쳐 레스토랑에서 식탁까지, 재료 하나에도 가치를 둔다면 음식 한 접시의 스토리를 얻을 수가 있게 된다.

나는 주로 외곽에서 레스토랑을 운영한다. 나중엔 서울을 떠나 어머니가 계신 가평 시골에 프렌치 레스토랑을 차리는 꿈을 가지고 있다. 지금도 서울 끝 상봉동에서 레스토랑을 하는데 재료 수급을 위해 직접 장을 보는 편이다. 메뉴를 넣었을 때에 내가 장을 보는 동네 마트나 재래시장에 나오는 재료들을 체크한다. 예를 들어 아스파라거스가 1년 동안 동네 마트에서도 판매가 되는 것을 보고는 독일식 아스파라거스 요리인 스파겔을 넣은 것처럼 말이다. 직접 장을 보면 데이터가 아닌 눈으로 물가를 알 수 있다. 재료의 지속성을 바라보며 로컬 메뉴들을 구성한다면 타 지역으로 간다 해도 나만의 재미있는 메뉴들을 구성할 수 있을거라 생각한다.

마케팅

일반 식당과 레스토랑의 마케팅은 차이가 있다. 식당은 적극적으로 다가서야 하는 마케팅이라면 레스토랑의 마케팅은 준비와 기다림이다. 물론 마케팅에는 정답이 없지만, 레스토랑은 진중함을 가져야 한다고 생각한다. 하얀 접시에 형형색색의 재료들로 그림을 그리듯 예술을 하는데 그 예술을 팔기 위해 거리에 나서는 순간부터는 가치가 달라진다. 가치를 알아주는 사람들이 오게끔 기다림과 자기 정진이 필요하다. 물론 내 레스토랑의 존재감을 위한 최소한의 홍보는 필요하다. 겸손하며 정직하게 준비를 하고 끊임없이 정진한다면 손님들은 찾아오기 마련이다.

메뉴판 구성

메뉴판 첫 장은 가볍게 즐길 수 있는 아뮤즈 부쉬나 샐러드, 애피타이저로 구성한다. 가격은 낮은 순으로 시작해 높은 순으로 적어주고 파스타, 메인 순으로 메뉴판 구성을 하면 좋다. 디저트는 물론 마지막 장이다. 디저트는 함께 드실 수 있는 차나 음료를 함께 적어놓아도 된다. 메뉴명은 어렵게 적을 수 있다. 하지만 꼭 설명을 동반하는 것을 추천한다. 나에게만 멋진 메뉴명이지 처음 온 손님들에겐 어렵고 불친절한 메뉴판으로 보일수도 있기 때문이다. 나는 와인에 대한 설명은 조금 상세하게 적어 놓는 편인데 손님에게 따뜻하고 친절한 느낌을 전달할 수 있다. 와인리스트는 따로 준비해 주고 특선 메뉴나 코스 메뉴는 메뉴판이 나갈 때 함께 준비해 준다.